JN437092

온통리더십

초판 1쇄 발행 : 2011년 10월 10일
초판 2쇄 발행 : 2013년 6월 20일

지은이 : 석종득
펴낸이 : 전두표
펴낸곳 : 도서출판 두남
주소 : 서울특별시 강동구 성내로6길 34-16 두남빌딩
신고 : 제 25100-1988-9호
전화번호 : 02-478-2065 / 2066 / 2067 / 2311
팩스번호 : 02-478-2068
전자우편 : dunam1@unitel.co.kr
홈페이지 : Http://www.dunam.co.kr

가격 : 16,000원
ISBN 978-89-6414-271-4 03320

ON 通
온통 리더십

공무원
조직역량강화
가이드북

온통 리더십

석종득 지음

비즈프라임

행복한 멤버들에게 둘러싸인

성공한 리더 되기!

발전전략연구소의 문을 연 지도 어언 4년여의 시간이 흘렀다. 그리고 이 책을 내기 전 나는 우리 연구소의 이름을 세상모든소통연구원으로 바꿨다. 로고도 그럴듯하게 만들어 놓고 '세모통'이라 줄여 부르며 흐뭇해했다. 발전전략의 제1주제로 소통을 끌어낸 것이다.

서울 금천구청에서 조직역량강화교육을 하며, 그간 연구해왔던 리더십의 모든 자료를 정리했다. 그러는 사이 소통의 중요성을 새삼 깨닫게 되었고, 그것을 정리해서 한 권의 책으로 낸다. 설렘과 두려움이 함께 밀려온다.

바보가 열심히 일을 하면 주변사람들이 피곤해진다. 열심히 일하는 바보를 팀의 리더로 세우면 팀 구성원 모두가 불행해진다. 열심히 일하는 '바보리더'여, 제발 귀를 열어라. 마음을 열고, 가슴을 열고, 모두로부터 지혜를 얻어라.

바벨탑의 재림, 리더십의 위기

메시아에서 네트워크 허브로. 더 이상 리더는 메시아가 아니다. 영웅도 아니며, 전설도 아니다. 스스로를 내려놓고 네트워크 허브로 거듭나야만 한다. 새로운 시대의 리더에게 가장 필요한 덕목은 '소통'이라는 믿음으로 이 책을 썼다.

하지만 지금 우리 사회 곳곳은 소통의 부재로 몸서리를 치고 있다. 바벨탑의 재림이다. 말이 통하지 않는단다. 자기주장만 있고, 자기주장만 옳고, 자기이익만을 최우선으로 생각한다. 그래서는 모두가 손해다. 제발 당신의 소통에 스위치를 켜라.

스스로 소통능력이 부족하다고 믿는 이들에게 이 책의 일독을 권한다. 스스로 소통능력이 탁월하다고 믿는 이들에게도 일독을 권한다. 모든 것에는 늘 함정이 있다. 스스로 소통능력이 탁월하다고 믿는다는 것은 이미 자신의 소통에 빨간불이 들어왔음을 의미할 수도 있다.

행복이란 무엇인가? 잘 먹는 것일까? 정을 나누는 것일까? 그렇다. 잘 먹고 잘 사는 것, 정을 나누는 것도 행복이다. 행복은 사람의 마음속에 있다. 아무리 어려운 환경 속에서도 스스로 행복을 찾아내는 사람이 있는가하면, 남부럽지 않은 환경 속에서도 늘 불행한 사람이 있다.

행복은 객관적이지 않다. 욕망의 추구 정도와 달성 정도가 행복을 결정짓는다. 때론 포기도 행복감을 높여준다. 스스로 리더이기를 갈망하는 욕구는 무엇일까? 위로 올라가 정점에서 세상을 내려다보고 싶은 것일 수도 있다. 권력을 쥐고 그 권력으로 이익을 독식하고 싶은 것일 수도 있다. 가능할까?

있지도 않은 위를 지향하는 자만

리더라는 자리는 골치 아픈 자리다. 예전에 비해 그 보상도 크지 않다. 리더는 참으로 욕먹기 쉬운 자리다. 사회생활에서 상사들은 손쉽게 안줏거리로 전락하곤 한다. 그럼에도 불구하고 많은 이들은 리더를 꿈꾼다. 아니, 리더이고 싶지 않은 사람들도 장(長)이라는 '타이틀'을 달고 리더가 되곤 한다.

이미 세상은 위와 아래가 없어진 지 오래다. 위를 지향한다는 것은 과대망상이다. 있지도 않은 위를 지향하고, 위가 아님에도 불구하고 스스로 정상에, 아니 누군가의 위에 올랐다고 자만하고 있으니 말이다.

우리는 언제나 멤버와 리더 사이를 오가고 있다. 그것이 불행이다. 스스로 리더로서의 자질이 부족함에도 불구하고, 자리 욕심을 가진 많은 이들 때문에 수많은 멤버들이 불행하다. 리더 스스로도 불행하다.

그렇다면 리더의 자질이란 무엇일까? 새로운 시대의 리더십이란 무엇일까? 리더의 자질을 배양하는 길은 무엇일까? 그것이 이 책의 주제다. 패러다임의 변화가 리더십의 본질을 바꾸었고, 우리로 하여금 새로운 리더십을 갈망하게 했다. 나는 그런 리더십을 위해 이 책을 썼다.

'더불어 사는 사회'가 오늘날의 화두다. '가난뱅이에게 둘러싸인 부자는 행복할 수 없다.'고도 한다. 인간은 더 행복해지기 위해 제국주의를 내려놓았고, 자신의 내일을 넘어 지구의 내일, 인류의 내일을 걱정한다. 그리고 몸소 그 걱정거리들을 해결해나가고 있다.

그것이 오늘날의 인류다. 리더십도 다르지 않다. 사특한 마음, 간교한 마음, 나만을 생각하는 이기심으로는 행복할 수 없다. 다른 사람들을 이용해서 나의 이익을 얻고, 나만의 행복을 이뤄야겠다는 마음으로는 결코 행복해질 수 없는 것이 바로 지금의 시대다.

행복한 멤버들에게 둘러싸인 성공한 리더

모두가 함께 성취하고, 모두가 함께 얻은 열매를 역시 함께 나누겠다는 생각이야말로 행복한 리더를 만든다. 모두가 행복해야 비로소 리더 역시 행복해진다.

행복한 멤버들에게 둘러싸인 리더야말로 성공한 리더요, 행복한 리더다. 거창하게 '공익'이라는 말까지 들먹일 필요는 없다. 그것 역시 관점에 따라 다를 수 있으니 말이다. 그저 '순리'를 따르고, '탐욕'을 내려놓는 것. 그래서 선해지는 것. 그것이야말로 새로운 시대의 리더십이다.

하지만 이 땅에는 그렇지 않은 리더들이 많다. 권모술수로 남의 것을 빼앗고, 자신의 이익만을 좇는 리더도 흔히 볼 수 있다. 남들도 다 그런데 나만 이타적이면 손해가 아닐까? 바보가 아닐까? 꼭 그래야 할 필요가 있을까? 그렇다. 그럴 필요가 있다.

그것이 진정으로 나의 행복을 찾는 일이니 말이다. 자신의 성공을 포기하라는 것이 아니다. 착해지기 위해 필요한 것, 그것이 바로 소통이다. 소통하는 리더십이야말로 리더 스스로를 행복하게 하는 착한 리더십이다. 착한 리더가 행복하다. 착한 것은 강하다. 자, 이제 착한 리더가 되기 위해 소통의 스위치를 켜라. 착한 리더를 꿈꾸는 이들에게 이 책을 바친다.

세상모든소통연구원에서 석종득

글 싣는 차례

"소통은 왜 합니까?"

간부공무원 교육에서 던졌던 질문이다.
묵묵부답.
두어 차례 더 대답을 종용한 끝에
과장 한 사람이 답변했다.
"갈등을 해소하기 위해서 합니다."
대답을 한 용기에 박수를 쳐주고 싶었다.
하지만 그 답은 오답이었다.
"그렇습니까? 갈등은 왜 생겼습니까?"
그러자, 목소리는 더 작아진다.
"소통이 잘 안 되어서 생겼습니다."
"그럼 소통 하려다가 갈등이 생겼군요?
소통으로 갈등이 해소된 게 아니네요.
애초에 왜 소통하려 했습니까?"
다들 어안이 벙벙한 표정이 된다.
그렇다.
소통은 갈등해소를 위한 것이 아니다.
각자의 욕구를 해소하기 위한 것이다.

1부

리더십,
위기에서 기회를 발견하다!

1장 : 다름을 인정하고, 다름에서 시작하라!

2장 : 창의를 향한 지름길, 협업에 주목하라!

3장 : 최적화된 답을 찾는 확산과 수렴의 회의!

4장 : 수평적 리더십이란, 관계의 리더십이다!

1부 : 리더십, 위기에서 기회를 발견하다!

1장 : 다름을 인정하고, 다름에서 시작하라!

권위가 무너졌다. 리더십이 흔들린다. 대한민국 전체가 갈등하고 있다. 되는 일도 없고 안 되는 일도 없는 조직이라는 푸념이 곳곳에서 흘러나온다. 지식과 경험을 바탕으로 멤버들을 이끌고 나아가는 리더십의 시대가 저물고 있다. 시험과 연공서열을 통해 얻은 직급 중심의 리더십 시대는 이미 끝난 지 오래다.

농업혁명이 있기 이전까지 인류는 채취 · 수렵 · 어로에 종사해왔다. 수백만 년을 그러했는지 수만 년을 그러했는지는 정확치 않지만 할아버지도 그러했고, 아버지도 그러했으며, 아들도 그러했고, 손자도 그러했고, 이후의 삶이 온통 그러했다. 농업혁명 이후에도 별반 다르지 않은 시간들이 흘렀다. 일만 년의 역사다.

이때 필요한 리더십, 즉 사람들을 이끄는 힘은 무엇이었을까? 그것은 경험이다. 그리고 권위다. 사람들은 신들의 권위를 빌려다가 쓰기도 했다. 하지만 지금은 열어주고 통합하고 구조화하는 리더십의 시대다. 스스로 '리더'라는 직함에 갇혀 새로운 시대를 읽지 못하는 리더는 고사하게 될 것이다.

리더의 어원은 앵글로색슨어의 고대영어 레단(ledan)에서 나온 것으로, 리탄(lithan)이 어근이다. 이것은 간다(to go)의 뜻으로, 지도자는 무엇을 행하는 자, 앞서가는 자, 혹은 먼저 이루는 자라는 뜻을 내포하고 있다.

리더십(leadership)의 사전적 의미는 '집단의 목표나 내부 구조의 유지를 위해 구성원들이 자발적으로 집단 활동에 참여하여 이를 달성하도록 유도하는 능력'이다. 즉 지도력이다. 많은 학자들은 리더십을 '앞서 가기 위해 필요한 덕목'으로 말해왔다.

그리고 이런 학자들의 정의를 종합해보면 리더십은 결국 영향력(influence)이며, 그 영향력을 통해 조직을 이끄는 지도력이라고 할 수 있다. 결국 리더십은 스스로 갖고 싶을 때 가질 수 있는 자격이 아님을 뜻한다.

직급에 의존하지 않는 셀프리더십

엄청난 속도로 생산성이 증가했고, 이를 뒷받침하기 위한 기술과 지식이 세계의 질서를 재편했다. 생산환경은 물론이고, 고용환경, 소비환경, 어느 것 하나 변하지 않는 것이 없다. 이 시대의 리더는 어떻게 탄생하는가? 이 시대의 리더는 무엇으로 지도력을 펼쳐 가는가?

요즘의 조직원들은 경험과 직급만으로는 리더십을 인정하지 않는다. 결국 리더는 영향력을 갖는 리더와 그렇지 못한 리더로 나뉠 수밖에 없다. 여기에 조직원들의 눈높이까지 감안하면 존경받는 리더는 그리 많지 못할 것이다. 그래서 사람들은 리더십의 위기를 말하는 것이다.

지금 이 시대에 통용되는 리더십은 이른바 셀프리더십

(Self-leadership)이다. 직급에 의존하지 않는 리더십이다. 어떤 일에 있어 자신이 주도적으로 그 일을 수행하며, 결과에 책임지는 태도. 이러한 태도를 가진 사람은 누구나 리더이며, 이러한 태도가 곧 리더십이라는 것.

지식기반사회의 리더는 조직구성원 개개인에게 지식의 권한을 부여할 수 있는 사람이다. 그리고 개개인에 대한 평가는 직위와 호칭보다는 철저히 전문적 지식과 능력에 의해 이루어진다. 필요한 모든 지식과 능력을 한 사람이 가질 수는 없는 노릇이니, 리더는 프로듀서적 능력을 갖추어야만 한다는 것.

따라서 리더는 자신의 권위를 높이는 데에 매몰되어서는 안 된다. 중요한 것은 리더로서의 카리스마가 아니다. 팀의 성공이고, 리더와 멤버가 함께 누리는 성공이다. 더 이상 자신의 기준으로 조직원들을 평가하는 것으로부터 벗어나자.

셀프리더십은 몇 가지 특징을 가지고 있다. 부정적으로 통제하기보다는 긍정적으로 참여시키고 격려한다는 점, 추구 목표보다는 조직원들의 생각과 태도에 주목한다는 점, 강압적으로 군림하기 보다는 리더를 신뢰할 수 있도록 한다는 점, 말보다는 실천으로 조직원들을 이끈다는 점 등이 그것이다.

어느 날 공자가 조카 공멸을 만나 물었다. "네가 그 자리를 맡아 일하면서 얻은 것은 무엇이며, 잃은 것은 무엇이냐?" 공멸의 표정이 어두워졌다. "얻은 것은 하나도 없고, 잃은 것만 세 가지 있습니다. 첫째, 일이 많아 공부를 전혀 하지 못하고 있으며, 둘째, 보수가 적어 부모님과 친척들을 제대로 봉양하지 못합니다. 셋째, 시간이 없어 친구를 잃고 있습니다."

공자는 다시 공멸과 같은 직위에서 같은 일을 하는 자천을 만나 같은 질문을 했다. 자천은 단번에 미소를 지었다. "잃은 것은 하나도 없고, 세 가지를 얻었습니다. 첫째, 책으로 배운 것을 실천하여 진정으로 깨닫게 되었으며, 둘째, 적당한 보수이기에 근검절약을 몸에 익힐 수 있고, 셋째, 공무를 하면서 새로운 친구를 사귈 수 있습니다."

공자님 말씀마저 의심하는 젊은이들의 버릇없음

공멸과 자천, 그들은 같은 일을 하고 있었지만 전혀 다른 삶을 살고 있었던 것이다. 신라 시대 고승이었던 원효대사의 '해골물'과 같은 이치의 말이다. 그리고 이 이야기는 그야말로 공자님 말씀이다.

이런 공자님 말씀에도 반기를 드는 젊은이들이 있을 수 있다. '맞는 말이긴 하지만 정말 실천이 가능할까? 꼭 저렇게 해야 하나? 재미있는 일, 내가 가치 있다고 생각하는 일을 하면 되는 것 아닌가?'라는 의구심을 갖는 젊은이들이 있다는 것이다. 세대차이라면 세대차이고, 입장차이라면 입장차이다.

쌍둥이 사이에도 세대차이가 난다고 할 만큼 우리는 극심한 세대차와 갈등을 경험하고 있다. 세대를 일컫는 말도 각양각색이다. 십여 년 전까지만 해도 X세대, 트윈X세대하며 외계인처럼 불리던 세대들이 지금은 어느덧 구세대가 되어버렸다.

세대 간의 갈등은 어제 오늘의 이야기가 아니다. 고대 동굴벽화에 상형문자로 남아 있었다는 '요즘 젊은 것들은 버릇이 없다.' 인류 역사상 가장 오래된 문자 유물 가운데 하나인 로제타석에도 '요즘 젊은이, 버릇없다.'는 말이 적혀 있다. 기원전 196년에도 젊은이들은 버릇이 없었던 것이다.

그리스 아테네 유적에도 '요즘 젊은 것들은 버릇이 없어 걱정이다. 폴리스의 장래가 걱정스럽다.'는 말이 적혀 있었다고 한다. 소크라테스 역시 '요즘 아이들은 버릇이 없어 말세다.'

라고 했다지 않은가? 하지만 이 시대를 가르는 세대차이의 본질은 '버릇없음'이 아니다. 그렇게 치부한다면 좋은 리더가 되기 어렵다.

세대차이의 본질은 '버릇없음'인가?

현대에서 나타나는 세대차이의 핵심은 이성세대와 감성세대의 대별이다. 이성세대는 남과 다르면 '불안'하고, 감성세대는 남과 같으면 '짜증'난다. 이성세대는 미래가치를 중요하게 생각하지만 감성세대는 현재가치를 중요하게 생각한다. 이성세대는 소유가치를, 감성세대는 사용가치를 중요하게 생각한다. 이성세대는 절제를 미덕으로 여기고, 감성세대는 발산을 미덕으로 여긴다.

바로 이것이 셀프리더십을 탄생시킨 배경이다. 이러한 감성세대의 세상이기에 통제보다는 참여를 말하게 된 것이다. 규칙에 의한 정돈, 단정한 맞춤이 아니라, 활성화가 필요하다는 것이다. 신명을 주면 그 신명에 의해 발산을 하는 개성적 존재로 그들을 보아야만 한다.

과연 둘 중 어느 것이 나은 것인가? 집단과 조직을 중요하게 생각하는 사람들이라면 이성세대를, 개인의 자유를 중요하게 생각하는 사람들이라면 감성세대가 더 나은 것이라 말할 것이다. 그리고 지금의 시대는 집단이나 조직보다는 개인의 자유를 더욱 존중하는 방향으로 움직이고 있다.

일과 그 일의 과정 역시 그러하다. 디지털혁명과 정보화의 물결은 사람들을 조직으로부터 점차 벗어날 수 있도록 해주었다. 조직이 없어도, 개인이 무엇이든 할 수 있는 시대를 맞이했다. 거대 조직과 자본에 의지하지 않고도 얼마든지 상상을 현실로 옮길 수 있는 시대다. 조직의 명성보다는 개인의 명성이 더욱 중요한 시대다.

이런 시대의 젊은 멤버들에게 '버릇없음'만을 질타하는 리더는 살아남을 수 없다. 바야흐로 말을 타고 달리며, 움직이는 과녁을 맞혀야만 하는 시대다. 주류와 비주류의 경계도 걷혀가는 세상이다. 사람들의 의지 탓만은 아니다. 세상이 바뀌고 있는 것이다.

예전 우리네 직장에는 지금 찾아보기 어려운 직종들이 많았다. 가장 대표적인 것이 타이피스트다. 종이에 펜으로 써놓은 글자들을 그저 타자기로 깨끗하게 옮기는 일을 하기 위해 부서마다 사무보조가 배치되어 있던 시절이 있었다.

다름 가운데에서 하나가 되는 방법을 고민해야

과연 우리 직장에서 데이터를 활용한 소위 '근거 있는 업무'를 본 것이 언제부터인가? 하지만 지금은 누구나 컴퓨터 자판을 이용해서 업무를 보고, 인터넷 서핑으로 데이터를 구한다. 우리 직장에서 구한 데이터만 데이터가 아니다.

그렇다면 데이터를 잘 찾는 사람이 유능한 사람인가? 타이핑 속도가 빠른 사람이 유능한 사람인가? 워드프로세스, 데이터베이스, 각종 통계프로그램부터 파워포인트에 이르기까지 이런 OS능력을 갖춘 사람이 유능한 사람인가?

그게 아니라면 그저 근면성실하고, 자조협동하면 유능한 사람인가? 윗사람들 공경하고, 그 말씀 고이 받들어 모시며, 입 속의 혀처럼 구는 사람이 유능한 사람인가? 많은 경험들을 가지고 과거지사를 현실에 반영하고자 노력하는 사람이 유능한 사람인가?

정답은 없다. 이 모든 것들 중 어떤 덕목도 버릴 덕목은 없다. 그리고 이 모두를 가지고 있는 사람 역시 찾기 어렵다. 그렇다면 어떻게 해야 할 것인가? 머리를 모아야만 한다. 머리를 모으기 전에 가슴을 모아야 한다. 마음 저 깊은 속으로부터 서로의 다름을 인정해야 한다.

서로 다름을 인정한 후, 그 다름 가운데에서 하나가 되는 방법을 고민해야만 한다. 소통은 그렇게 서로의 자리를 확실히 하는 것에서부터 출발한다. 시대의 변화를 읽어야 한다. 그리고 시대에 맞는 리더십을 끊임없이 탐구해야만 한다.

A가 B를 설득하는 것을 소통으로 생각하는 이들이 많다. 하지만 그것은 소통이 아니다. A와 B가 만나 서로 의견을 나누는 사이에 더 나은 C의 의견을 만들어내는 화학적 결합이 바로 소통이다. '내가 더 많이 알고 있으니 너는 나를 따르라.'식의 사고로는 소통이 일어나기 어렵다.

그러니 스스로 변화할 준비가 필요하다. 다름은 소통의 방해물이 아니다. 서로 다른 것이야말로 더 나은 새로움으로 향하는 시너지의 원천이다. 일방적 강요는 소통은커녕 대화도 아니다. 그것은 지시요, 훈화요, 잔소리다.

그들의 중심엔 늘 자신들 '스스로'가 자리해

'가끔 세상을 잘못 만나서 이 모양 이 꼴이다.'라는 생각을 하는 사람들이 있다. 80년대까지만 해도 대학진학률이 30%가 못되었던 대한민국이다. 가정형편 때문에 대학진학을 포기했던 많은 중장년들이 그 때문에 받는 편견과 차별 때문에 힘들어했던 것도 사실이다.

그래서 먹을 것 줄이고, 입을 것 줄이며, 아이들을 악착같이 대학에 보냈고, 그 결과 지금은 대학진학률이 90%를 육박하고 있다. 그래서 다행히 우리 아이들은 '세상 잘못만나서, 혹은 부모 잘못만나서 이 모양 이 꼴이다.'라는 얘기는 하지 않고 살게 되었는지 모른다.

하지만 그래서 우리 아이들은 다 행복한가? 88만원 세대라는 말을 듣게 된 그들은 높아진 눈높이와 고용 없는 성장으로 찬바람을 맞으며 서 있다. 이것이 삼십 년의 차이다. 그 차이는 강산이 세 번 변하는 차이를 넘어, 천지개벽이 일어난 차이에 버금간다.

여기에 요즘 상사들을 가장 힘들게 하는 세대가 나타났다.

Y세대, N세대, G세대 등 부르는 말도 다양한 '21세기형 인간', 이들의 특성은 한마디로 표현할 수 없다. 왜? 개성이 너무 뚜렷하기 때문이다. 그럼에도 불구하고 기성세대는 이들을 이해해야 한다.

십년도 지나지 않아서 이들이 조직구성원의 절반 가까이를 차지할 것이기 때문이다. 그렇다면 이들 21세기형 인간들에게 가장 중요한 건 뭘까. 자신의 약속이 직장의 일보다 더 중요하다. 그들의 중심엔 늘 '나'가 있다.

이들에게 영향력을 끼칠 수 있는 리더십이란 무엇일까? 그것은 '업무가 곧 나'라는 인식이다. 가장 쉽고 빠른 방법은 자기가 하는 일이 '가치 있는 일'임을 인식시켜주는 것이다. 이들은 단지 돈 때문에 일하지 않는다.

설문조사 결과를 보자. '더 중요하고 의미 있는 일이라면 임금이 줄거나 지위가 낮아져도 받아들일 것인가?'라는 질문에 절반이 넘는 21세기형 인간이 '그렇게 하겠다.'고 응답했다. 돈도 덜 주고 직급도 낮은데 이직한다? 기성세대는 받아들이기 힘든 이야기다.

그만큼 21세기형 인간은 '가치'를 중시한다. 그렇다면 이들이 제대로 일할 수 있게 하는 방법은 무엇일까? 진행 중인 프로젝트가 조직에 어떤 의미인지, 이 일이 성공하면 자신에게 어떤 성장의 기회가 주어지는지를 알려야 한다. 그래서 스스로가 이 프로젝트에서 자기 가치를 더할 수 있는 부분을 찾는다면 이들은 제 발로 야근을 청할지도 모를 일이다.

배려와 인자함이 아닌 효율적 업무지시를 선호

같은 방향을 향해 가는 사람들끼리 물을 나눠 마시며 함께 새로운 길을 닦아나가야 한다. 이를 위해 필요한 자원도 스스로 구해야 하며, 그 자원을 키우는 것도 스스로의 몫이다. 그리고 이것이 바로 우리에게 필요한 새로운 조직문화다.

부하직원들이 좋아하는 '상사상'도 변화했다. 지금껏 대부분의 상사들은 부하들을 잘 배려하면 부하들이 자신을 따를 것이라는 '착각' 속에 살아왔다. 하지만 이런 착각을 뒤집는 조사결과가 있다.

잡코리아는 2011년 4월, 20~50대 직장인 888명을 대상으로 한 조사결과를 토대로 부하직원이 존경하는 상사 유형을 발표했다. 눈빛만으로도 직원들을 제압하는 카리스마형 상사를 존경한다는 부하직원은 4.7%, 화기애애하게 사무실 분위기를 주도하는 개그맨형 상사는 7.2%였던 반면, 직원들의 고충을 헤아려주는 인자한 어머니형 상사는 31.5%였다.

그렇다면 1위는 무엇이었을까? 정확하고 효율적인 업무지시를 내리는 스마트형 상사였다. 무려 55.6%의 부하직원들이 이런 상사를 존경한다는 것이다. 그것이 바로 부하직원들의 가치를 방증한다. 결국 그들 또한 무조건 일하기 싫어하는 것만은 아니라는 것.

그렇다면 그 속에서 리더와 멤버의 관계는 어떤 의미를 가져야 할까? 그들이 함께 꾸려가야 할 목표는 무엇이고, 그것을 위해 필요한 자원과 동력은 무엇인가?

지금까지 많은 조직들은 자신과 가족의 생활을 영위하는 멤버들의 집합체였다. 그리고 그것의 절대가치는 '돈'이었다. 어느 해 겨울, 영화배우 김정은은 BC카드 광고를 통해 '새해에는 부자 되세요.'를 외쳐댔다. 하지만 부자가 된 것은 BC카드사와 김정은뿐이었다. 그래도 그 '부자 되라.'는 말이 거슬리게 들리지는 않았던 기억. 돈이 좋기는 좋은 모양이다.

지금까지는 돈으로 다 되는 세상이었다. 하지만 돈을 가지고도 안 되는 것이 너무나도 많은 세상이 우릴 향해 달려들고 있다. 그러니 우리는 늙어 죽을 때까지 해야 할 일이 있어야만 한다.

그런데 일이 단지 시간과 돈을 맞바꾸는 것이라면 얼마나 괴로운가? 결국 우리는 괴로움과 싸우기 위해 평생을 일해야 한다는 말인가? 우리 들매화 인생들은 아침 출근시간에도 '일하러 간다.'가 아닌 '돈 벌러 간다.'로 인사를 한다. 아침 여섯 시에는 천하없어도 눈을 떠야만 한다.

진정 일이 즐거울 수 있는 방법은 없는 것일까?

교통체증에 시달리며 돈 벌러 가서, 빨라도 밤 열 시가 되어야만 돈 벌어 집에 돌아오는 우리네 들매화 인생들. 몸은 천근만근이고 스트레스는 하늘을 찌른다. 상사의 불호령은 언제 떨어질지 모르고 부하직원의 고집은 꺾일 기미가 보이지 않는다. 하루 종일 일과 사람에 치이면서도 그 놈의 '돈' 때문에 모든 것을 감수해야 한다.

예전 직장생활을 처음 시작할 때 선배들이 해준 말이 있다. '직장이란 말이야. 하고 싶은 일인가? 비전이 있는가? 사람들이 좋은가? 돈이 되는가? 이 네 가지 중에 한 가지만 만족하면 다닐만한 직장이고, 두 가지를 만족하면 더 이상의 직장은 없는 거야.'

요즘에는 여기에 두 가지가 더 늘어났단다. 하나는 '안정된 직장'이고, 또 하나는 '여유 있는 자기시간'이란다. 과연 이 여섯 가지를 모두 갖춘 직장이 있을까? 있다면 해외토픽감이다.

하지만 이쯤에서 다시 한 번 생각해보자. 정말 일은 결코 즐거울 수 없는 것인가? 만일 그렇다면 그것은 불행한 일이다. 우리네 들매화 인생들은 적어도 하루 아홉 시간 이상을 직장에서 보낸다. 여기에 출퇴근 시간과 직장동료들과 어울리는 시간을 세 시간만 잡아도 열두 시간, 즉 하루의 꼬박 반을 직장에서 보내는 것이다.

게다가 잠자는 시간을 여섯 시간으로 잡으면 깨어 있는 시간의 2/3를, 잠자는 시간을 여덟 시간으로 잡으면 무려 3/4을 일에 바쳐야만 한다. 그뿐인가? 평균수명이 늘어날수록 일을 해야 하는 기간도 함께 늘어난다.

스물 몇 살 청춘에 시작한 일을 백 년 이상 해야 하는 날이 머지않았다. 어쩌면 그 시대에는 그나마 일을 할 수 있는 것에 감사해야 할지도 모를 일이다. 사정이 이런데도 일하는 시간은 괴롭고, 일하지 않는 시간만 즐겁다면 그야말로 괴로움의 연속이라 하겠다. 정말 일은 결코 즐거울 수 없는 것인가?

그 시절의 꿈으로 돌아가야만 한다!

웃는 이들의 비결은 뭘까? 그것은 자신이 하고 싶은 일을 하는 것이다. 그리고 더 중요한 것은 그 일로부터 꾸준히 성과를 내는 것이다. 하고 싶은 일을 하며 성과를 내는 사람들의 얼굴에선 늘 웃음이 떠나질 않는다.

하고 싶은 일을 하며 성과를 내는 사람에겐 긍정성뿐만이 아니라 일에 대한 자신감, 집중력과 도전정신, 그리고 추진력이 함께 깃든다. 이처럼 '하고 싶은 일로부터의 성과'는 효과 좋은 '묘약'이다. 결국 우리네의 일은 삶에 있어 즐거움이 되어야만 한다는 것이다.

이제 시간과 돈을 맞바꾸는 일은 버리자. 하고 싶은 일을 하고, 그 일로 성취감을 느끼며, 성취감을 바탕으로 도약하는, 그 일에 대한 보상으로 돈이 주어지는 세상. 일이 자신의 정체성이 되는 세상이 만들어져야만 진정한 행복을 누리며 살아갈 수 있다는 말이다. 그러기 위해 필요한 것이 꿈이다.

이젠 돈이 아니라 꿈을 좇아야만 한다. 많은 젊은이들에게 꿈을 물어보면 너나 할 것 없이 '어느 분야에서 꼭 일등이 되겠어요.'라고 대답한다. 하지만 틀렸다. 그래서는 일등도 될 수 없고, 꿈도 이룰 수 없다.

어린 시절 꿈을 되돌아보자. 우리 꿈은 무엇이었나? 경찰? 선생님? 간호사? 의사? 변호사? 검사? 소방관? 연예인? 과연 그 꿈들 속에 그 분야에서 일등을 하겠다는 소망이 담겨 있었던가? 결단코 아니다. 우리는 단지 어려운 사람들을 불쌍히 여겼고, 아이들을 사랑하고 싶었으며, 억울한 사람을 돕고 싶었고, 나라를 지키는 멋진(?) 사람이 되고 싶었다.

그런 일을 아주 훌륭히 해내서 남들로부터 존경도 받고, 스스로도 만족해하는 삶을 꿈꾸지 않았는가 말이다. 하지만 세파를 겪으면서 일등주의에 의해 꿈은 변했고, 지금 당신의 꿈은 역시 무엇의 일등이 되는 것으로 변질되어버린 것이 아닌가? 돌아가야 한다. 그 시절의 꿈으로 돌아가야만 한다. 그래서 꿈을 위해 땀 흘려야 한다.

설사 당신이 그 꿈을 위한 정규교육을 받지 못했다 해도 크게 달라질 것은 없다. 지금 이미 십 년쯤, 아니 이십 년쯤 다른 일을 하고 있었다고 해도 크게 걱정할 일은 아니다. 지금부터가 시작이다. 진정으로 내가 원하는 일, 그래서 나 스스로가 만족하며 할 수 있는 일을 찾아야만 한다.

비전을 함께 일궈가는 리더십, 셀프리더십

많은 사람들이 꿈을 '별(star)'로 착각한다. 하지만 손에 닿지 않는 저 먼 곳의 별을 꿈으로 착각해서는 안 된다. 꿈이란 놈은 늘 내 곁에서 나를 지켜봐왔다. 먼 곳에 있지 않다는 것이다. 지금 이 순간 내게 가장 근접해 있는 일이 바로 그 꿈의 가능성이다. 먼 곳에 있는 별은 꿈이 아니라, 몽상이다.

이젠 동경을 멈추고, 진정한 꿈을 되살려내자. 동경은 뜬구름이다. 뜬구름을 잡으려 해서는 성공할 수 없다. 이 사람에게서 들은 얘기, 저 프로그램에서 본 궁전은 그저 얘기이고,

궁전일 뿐이다. 꿈을 이루게 하는 것은 단지 관심과 열정이다.

꿈을 단지 목표로만 인식한다면 그 꿈까지 가는 길은 늘 고되고 슬프다. 꿈은 목표일뿐만 아니라 과정이어야 한다. 그렇기 때문에 재미있는 일의 끝에 꿈이 있어야 한다. 그 끝에만 열매가 있는 것이 아니라, 가는 길 곳곳마다에 즐거움과 성과라는 열매들이 주렁주렁 달려 있어야만 한다는 것.

스스로 나아가고 있다는 판단이 서는 삶, 하나씩 달성해가며 성취감을 맛보는 삶은 콧노래를 부르게 한다. 성취감만큼 에너지를 주는 것은 없다. 그것이 바로 신바람을 만든다. 신바람이 나야 일도 되고 꿈도 일궈진다. 신바람이 불어야 들매화정신이 꽃핀다.

꿈이 없는 인생은 우울하다. 꿈은 곧 신바람이다. 꿈이 없으면 신바람이 없고, 신바람이 없으면 행복도 없다. 신바람이 난다는 것은 즐겁다는 것이다. 당신은 어떤 일에서 신바람을 느꼈는가? 그렇다. 하고 싶은 일을 할 때, 그리고 그 일을 통해 성취감을 느끼게 될 때 우리네 들매화 인생들은 신바람 속에서 살아갈 수 있게 되는 것이다.

꿈을 만들고, 그 꿈을 나누는 것. 남의 꿈을 이해하고, 그 꿈을 함께 이뤄가는 것. 그것이 바로 셀프리더십이요, 비전리더십이다. 결국 리더십은 꿈을 만들고 성취해가는 과정에서 만들어진다. 조직원 모두의 꿈, 그것이 바로 비전이다.

조직원들이 일을 통해 꿈에 다가서게 하는 것. 그리고 그 꿈이 조직을 통해 어떻게 구현되어갈 것인지를 통찰하는 것. 그들을 그 쪽으로 조직원들을 이끄는 리더십 속에서 강한 팀워크가 발현된다.

급속한 환경변화에 능동적으로 대처하고 신속하게 적응할 수 있도록 하기 위해 우리는 팀조직 제도를 도입했다. 팀장이란 계장이나 과장, 혹은 국장을 대체하는 단어가 아니다. 팀장은 그야말로 팀을 이끄는 리더다.

실무보다는 방향을 제시하는 팀장에게 존경을

이런 팀장리더십에 대해 최근 의미 있는 조사가 있었다. 인쿠루트는 기업 인사담당자 292명을 대상으로 2010년 1월 팀장리더십에 대해 서베이를 실시했다. 먼저 팀장리더십이 실제 조직의 성장에 얼마나 영향을 미치고 있는가에 대한 질문에서 전체 응답자의 96.6%가 영향을 미친다고 답했다 한다.

이처럼 중요한 자리이니, 이 자리에 시험이나 연공서열만으로 사람을 앉혀서야 되겠는가? 바람직한 팀장리더십에 대해 '조직 관리보다는 코칭이 탁월하고 경력개발을 돕는 육성가형'이라고 답한 사람이 18.5%로 3위, '비전 제시보다 실무가 탁월한 전문가형'이라고 답한 사람이 21.9%로 2위, '실무보다 방향제시가 탁월한 전략가형'이라고 답한 사람이 59.6%로 1위를 차지했다.

열 명 중 여섯 명이 실무보다는 방향제시에 팀장 역할의 무게를 두고 있었던 것. 그러니 현대사회의 리더란 스스로 꿈을 갖고, 조직원들의 꿈을 키우며, 그 방향을 제시하는 것이라 할 것이다. 이를 위해 서로의 다름을 인정하고, 각자의 역할을 이해하며 앞으로 나아가는 자세가 필요하다.

소통으로 비전 만들고, 이를 동력으로 이끌어야

비전을 중심으로 동력을 만들고, 이를 실현해나가기 위해서는 결국 조직원들과의 소통이 무엇보다 필요하다. 그리고 이 소통은 궁극적으로 자신의 꿈을 달성하기 위한 도구다. 남을 위해 소통하는 것이 아니라, 진심으로 자신을 위해 소통하고, 이 소통을 중심으로 자신의 꿈을 달성해가는 노력이야말로 21세기형 리더십의 중심이라 하겠다.

희망만을 생각하자. 그러기에도 너무 짧은 하루고, 너무 짧은 인생이 아니던가? 늙어죽을 때까지 즐겁게 일하기 위한 준비를 하기 위해서라도 오늘 하루, 나의 일을 즐겁게 만들자. 그리고 그 즐거움으로 우리 모두를 즐겁게 하자. 이를 위해 가장 먼저 해야 할 일은 모두가 만족할 만한 꿈 만들기다.

직급에 의존하지 않는 셀프리더십의 시대다.
주도적으로 그 일을 수행하며,
결과에 책임지는 태도를 가진 사람이라면
누구나 리더다.
리더의 권위를 높이는 데에 매몰되지 말자.
자신의 기준으로
멤버들을 평가하는 것으로부터 벗어나자.
각자 **다름**을 **인정**하고,
그 가운데서 하나 되는 방법을 찾아야 한다.
부정적 통제가 아닌
긍정적 참여를
이끌어내야만 한다.
소통은 나를 내려놓음으로써 완성되는
화학적 변화다.
머리를 모아야만 한다.
머리를 모으기 전에 가슴을 모아야 한다.

1부 : 리더십, 위기에서 기회를 발견하다!

2장 : 창의를 향한 지름길, 협업에 주목하라!

지금의 시대는 우리로 하여금 새로움을 요구하고 있다. 새로운 사람들, 새로운 일, 새로운 시대. 모두 가슴 벅찬 희망을 말하는 단어다. 하지만 달리 생각해보면 이런 단어들은 두려움과 피곤함을 가져다주기도 한다.

지금까지도 괜찮은데 굳이 바뀌어야만 하나? 새로움은 무조건 좋기만 한 것인가? 사실 새로움은 기존의 것보다는 효율이 떨어지기 쉽다. 익숙지 않기 때문에 그렇다. 성공보다는 모험에 더 가까운 것이기도 하다.

'잘못 든 길이 지도를 만든다.'는 말이 있다. 창의란 그렇게 새로운 길을 내는 것이다. 가끔 절벽을 만나기도 하지만, 새로운 길을 찾으려면 그런 위험을 무릅쓰는 수밖에 없다. 그처럼 창의란 어려운 길이고, 위험한 길이기도 하다.

'모난 돌이 정 맞는다. 평범하게 살아라.' 이 말은 우리에게 거의 진리처럼 전해져 왔다. 획일화와 권위주의의 산물이다. 다른 말로 하면 '생각하지 말고 살아라. 생각이 있더라도 표내지 말고 따라 해라.'는 의미다.

그런 탓에 우리는 적당주의에 길들여졌고, 모든 것을 적당히 하는 것으로 실수를 예방했다. 그렇게 해야만 잘 사는 세상이기도 했다. 하지만 이제 세상이 바뀌었다. 우리는 새로워지지 않으면 안 되는 시대를 살게 된 것이다.

따라잡기를 끝내고, 최적화된 답을 찾아야

'아무런 위험 부담을 가지지 않으면 모든 것이 위험해진다.'는 말이 있다. 추락하고 날개가 꺾이더라도, 날개를 펴서 날아보아야만 하는 세상이다. 날아보지 않으면 평생 날 수 없다.

새로운 일을 시도하는 것, 그것이 바로 창의력이다. 더 불행한 것은 늘어난 인간의 평균수명으로 이런 시대를 아주 오래 감수하며 살아야 한다는 것.

지금까지의 세상은 '따라잡기'의 세상이었다. 추격성장기를 보냈던 대한민국은 선진국들을 보고 베껴서 따라잡는 것으로 발전해 왔다. 지도자의 강력한 리더십 아래, 일사불란하게 따라잡아야 하는 세상에서 남들과 다르다는 것은 곧 낙오를 의미하는 것이었다.

하지만 지금은 벤치마킹만으로는 헤쳐 나갈 수 없는 시대다. 남들이 생각지 못했으나 꼭 필요한 무엇을 만들고, 그것을 모두 함께 나눌 수 있도록 힘쓰는 세상. 그것이 우리 앞에 놓인 창의사회요, 지식기반사회다.

새로운 것을 찾고 지향하며 살기만 하면 되는가? 그렇지 않다. 새롭되, 최적화된 답을 찾아내야만 한다. 시대는 우리로 하여금 최적화된 답을 요구하고 있다. 더 이상 정답은 없다는 것. 어제까지 정답인줄 알았던 지식과 기술이 새로운 지식을 만나 여지없이 무너져버린다.

변수가 너무나도 많은 세상이다. 그래서 우리는 최적화된 답을 찾고자 노력하며 살고 있다. 최적화된 답을 찾아야 하는 현대에서 가장 경계해야 할 적은 고정관념이다. 우리는 현상 그대로를 받아들이는 것이 아니라, 고정관념으로 버무려진 세상을 보고 있다. 그래서 지나치는 것들이 수도 없이 많다.

우리의 뇌는 외부로부터 들어오는 정보를 있는 그대로 받아들이는 것이 아니라, 기존 정보들을 중심으로 재구성해서 받아들이는 경향이 있다. 캠브리지 대학에서 실시한 '언어의 고정관념에 대한 연구'는 이러한 사실을 증명했다.

고정관념으로 버무려진 왜곡된 시각

'엉진망창 : 캠리브지 대학의 연결구과에 따르면, 한 단어 안에서 글자가 어떤 순서로 배되열어 있는가 하것는은 중하요지 않고, 첫째번와 마지막 글자가 올바른 위치에 있가는가 중하요다고 한다. 나머지 글들자은 엉진망창의 순서로 되어 있지을라도 당신은 아무 문없제이 이것을 읽을 수 있다.'

위의 문장에서 틀린 문장을 몇 개나 발견하였는가?

'엉망진창 : 캠브리지 대학의 연구결과에 따르면, 한 단어

안에서 글자가 어떤 순서로 배열되어 있는가 하는것은 중요하지 않고, 첫번째와 마지막 글자가 올바른 위치에 있는가가 중요하다고 한다. 나머지 글자들은 엉망진창의 순서로 되어 있을지라도 당신은 아무 문제없이 이것을 읽을 수 있다.'

이것이 정답이다. 하지만 우리는 기존에 우리 뇌 속에 가지고 있는 단어에 대한 정보가 있기 때문에 글자를 글자로 읽지 않고, 고정관념만으로도 얼마든지 읽어 내려갈 수 있었던 것. 이것이 고정관념의 실체다.

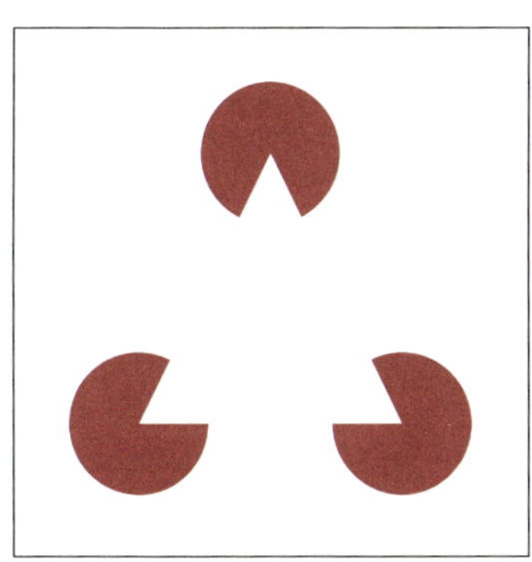

왼쪽의 그림에서 무엇을 보았는가? 이것은 팩맨이라는 게임에 나오는 캐릭터 세 개를 표현한 것이다. 하지만 그 속에 그려져 있지 않은 삼각형이 우리에겐 보이지 않는가? 이것을 우

리는 카니자 삼각형이라 부른다.

이 삼각형은 실재하지 않지만 누구에게나 보인다. 이처럼 고정관념은 자동으로 작동하며, 그 고정관념은 다시 현실에 영향을 미친다. 우리는 이미 삼각형이라는 도형을 알고 있었고, 그것이 불분명한 그림 속에서 재구성되었던 것.

문제를 발견하는 지름길, 고정관념 버리기

카메라와 사람의 눈 중 어떤 것이 더 정확할까? 카메라의 눈이 훨씬 정확하다. 여행지에서 가족들의 사진을 찍었다. 근사한 배경과 가족들의 표정에 주목한 나머지 그 옆에 있던 쓰레기통을 보지 못한 채 셔터를 누른 경험이 있는가?

사람은 보지 못했지만 카메라는 포착해낸다. 그래서 우리는 쓰레기통 옆에 선 가족사진을 한 두 장쯤 가지고 있게 된 것이다. 사람들은 자신이 보고자 하는 것에 집중한다. 그러나 그렇게 해서는 모두 볼 수 있는 기회를 놓치고 만다.

우리 일상은 모든 것이 불안정하다. 완벽한 상태가 얼마나 많을까? 하지만 우리는 그 불안정한 상태에서 문제를 발견해

내지 못한다. '원래 그렇지, 뭐', '원래 이렇게 되어 있었는데' 등의 생각과 고정관념이 우리로 하여금 문제를 발견하지 못하도록 하는 것이다.

창의적 시각이란 문제를 발견하는 것에서부터 시작된다. 그러기 위해서는 고정관념을 버려야 한다. 새로운 시각으로 있는 그대로를 받아들여야만 한다. 하지만 우리는 그런 시각에 익숙지 않다. 우리로 하여금 '있는 그대로를 받아들이기 어렵도록 만든 장본인'은 무엇일까?

그것은 '입시 위주의 학교교육'이다. 그리고 '강요되었던 획일화'다. 그 지독한 학교교육과 획일화는 우리의 언어조차 뒤바꾸어놓았다. '틀린 그림 찾기'라는 게임이 있다. 이 게임은 '모바일게임'의 고전이다. 두 개의 그림을 놓고 그 중 틀린 그림을 찾는 게임이란다. '틀린' 그림? 상식에 맞지 않게 잘못 그려진 그림을 말하는 것인가?

그 내용인즉 두 개의 그림을 놓고 왼쪽과 오른쪽 그림 중 다르게 그려진 부분을 찾는 것이라고 한다. 그럼 '다른 그림 찾기'라는 표현을 써야 하지 않을까? 이 게임의 인기가 높은 탓에 여러 제작사들이 앞다투어 내놓았는데, 어떤 게임도 '다른 그림 찾기'라는 게임은 없다. 모두 '틀린 그림 찾기'다.

모두 빨간색 꽃인데 몇 송이만 노란색 꽃이 핀 꽃밭에서 아이가 '엄마 이건 틀린 색깔 꽃이야.'라고 말하는 것을 보았다. 노란색은 틀린 색인가? 그저 다른 색일 뿐인데 아이는 그렇게 말하고 있었다. 그렇다. '틀리다'는 'wrong'이고, '다르다'는 'different'다. 그 둘은 엄연히 다르다.

다른 것은 틀린 것? 획일화가 만든 오류

언어는 사람들의 생각, 행동양식을 담고 있다. 그냥 만들어진 단어가 없고, 이 단어들은 우리 생각까지 반영한다는 것이다. 그리고 어떤 단어를 쓰는가는 다시 사람들의 사고 방향을 결정짓는다. 언어의 사회화다. 언어는 사회를 반영하고, 다시 사회를 추동한다.

대학 시절, 일본에서 유학 온 친구 하나가 물었다. '한국 사람들은 벗는 게 급한 민족인가봐요?' '그게 무슨 소리죠?' '모자 쓴다, 옷 입는다, 양말 신는다' 모두 다르게 쓰는데, '모자 벗는다, 옷 벗는다, 양말 벗는다, 벗는다는 다 벗는다잖아요.'

그냥 모른다고 하기에 좀 뭣해서 '원래 우리나라 사람들은 의관을 정제하는 문화라서, 입는 것에 신경을 쓴 모양이다.'라고 둘러댔지만 사실 진짜 이유는 아직까지 나도 모른다.

돈을 빌릴 때 '돈 빌려줘.'라고 하지 않고 '돈 좀 빌려줘.'라고 한다든지, 모른다고 할 때 '모른다.'고 하지 않고 '잘 모른다.'고 하는 것 등도 다 우리 특유의 언어습관이다. 외국인 친구에게 '잘 모른다.'고 표현했다가 '아는 것만이라도 얘기해 달라.'고 해서 망신스러웠던 기억도 있다.

그렇다면 우리는 왜 다름을 틀림으로 말하고 있을까? 초록색을 파란색으로 말하는 것과 일맥상통하는 측면이 있다. 신호등의 초록색 불을 우리는 파란불이라고 배웠고, 습관적으로 써왔다. 그러나 유독 이런 표현은 신호등에만 국한되는 것이 아니다. '푸르른 숲, 푸른 산'이라는 표현도 낯설지 않다. 이런 언어습관들은 대부분 학교에서 비롯되었다.

하지만 다름과 틀림의 혼돈은 단순히 학교교육으로만 그 탓을 돌리기 어렵다. 이 혼돈은 획일화의 산물이다. 그리고 그 역사성도 깊다. 지금의 기성세대 대부분은 초등학교 시절부터 제식훈련을 받아왔다. 왼발부터 떼고, 발을 맞춰 걷는 교육을 받아왔다는 것.

남들과 다른 것이 불안했던 사회, 그것이 우리로 하여금 다른 것은 틀린 것이라는 인식을 갖게 만들었다. 물론 학교교육도 크게 한 몫을 했다. 단순히 어휘를 가르친 것 때문에 그 책임을 묻는 것이 아니다.

정답만이 존재하는가? 두 개나 세 개의 답은?

우리의 학교교육은 철저히 대학진학을 염두에 둔 교육이다. 그리고 진학의 기준은 성적이다. 오죽하면 '자녀의 반도 모르면서 반 등수만을 알려고 하지는 않습니까?'라는 광고가 나왔을까?

따라서 성적을 매기는 일은 매우 엄정해야 하는 일이며, 그것에 있어서는 조금의 실수도 용납되지 않는 사회가 우리 사회다. 수능시험에서 답이 두 개 존재할 수 있다는 점이 문제가 돼서 톱뉴스가 되었던 적도 한 두 번이 아니다.

정말 답은 결코 두 개일 수 없을까? 답은 두 개도 될 수 있고, 세 개도 될 수 있으며, 열 개도 될 수 있다. 그러나 우리의 학교교육은 철저히 답이 하나인 교육이다. 그래서 그 답을 말하지 못하면 틀린 것이다.

소위 '주관식' 문제라는 것이 있다. '대한민국의 수도는 어디입니까?'라는 문제에 '서울'이 주관식 답이라는 것이다. 단지 '사지선다'나 '오지선다'가 아니라는 이유만으로, 직접 적어야 한다는 이유만으로 주관식 문제라고 불리는 것에 우리는 누구도 이의제기를 하지 않는다.

그 정도가 주관식이다. 즉 스스로 생각해서 답할 수 있는 수준이라는 것. '미래, 대한민국의 수도로는 어디가 좋을까요?' 정도는 되어야 주관식 문제가 되지 않을까? 이러한 문제에 자신의 생각을 '근거 있게' 말할 수 있는 수준이라야만 비로소 주관적 답이 되는 게 아니냐는 것이다.

인터넷에 떠돌던 초등학생의 답안지가 사람들로 하여금 파안대소하게 한 적이 있다. '올림픽 종목에는 ( ), ( ), ( ), ( )가 있다.' 아마도 기대했던 답은 '올림픽의 종목에는 축구, 양궁, 유도, 마라톤이 있다.' 쯤이었을 것이다. 그런데 어떤 아이가 기상천외한 답을 적었다. '올림픽 종목에는 (여), (러), (가), (지)가 있다.'

그 뿐이 아니다. 더 촌철살인인 문제와 답도 많다. '메뚜기는 ( ), ( ), ( )로 나뉜다.' 정답은 '메뚜기는 (머리), (몸통), (다리)로 나뉜다.'였다는데, 어떤 학생이 그 답을 잘 써놓은 후 그 뒤에 주석을 달았단다. '하지만 그러면 죽는다.'

'( )라면 ( )겠다.'라는 숙어를 구성하는 문제에 '(신)라면 (맛있)겠다.'라는 답을 적었다는데 아연실색하지 않을 수 없다. 하지만 과연 이들이 틀렸는가? 물론 출제자가 원하는 답은 아니었을 것이다. 그러나 문제만 놓고 보자면 틀렸다고 할 수는 없지 않은가 말이다.

'나와 같기'를 종용하는 권위주의를 버려라

그러나 이렇게 쓴 학생들의 답을 정답으로 처리한 선생님이 있었다면 밀려오는 학부모들의 항의전화로부터 무사하기가 쉽지는 않았을 것이다. 지금껏 우리는 정답을 강요하는 교육을 받으며 자라왔다.

모두 똑같은 색깔과 모양의 교복을 입고, 똑같은 책상에 앉아 획일적인 답을 강요받는 교육을 받아왔다는 것이다. 물론 그것이 갖는 효용과 장점도 분명히 있다. 그러나 그런 교육은 상상력을 억누르는 교육이다.

경마장의 말처럼 옆을 볼 수 없도록 가림막을 쓰고, 앞만 보아야 하는 교육이다. 정신 똑바로 차려서 제대로 암기해야만 정답을 적을 수 있다. 역사, 사회, 도덕 같은 과목들을 암기과목이라 부른다. 이해해서는 안 된다. 암기를 해야 잘 적을 수 있고, 그래야만 다른 답을 적지 않는다.

아이들은 다른 답을 적지 않아야만 좋은 대학에 갈 수 있다. 심지어 틀린 문제 하나당 한 대씩 가해지는 체벌을 받으며 자란 세대다. 평균점수와 등수에 따라 가해지던 체벌도 견뎌냈다. 그러면서 기성세대는 남들과 입을 맞춰 똑같은 답을 말하는 일에 익숙해져 있다.

그러다보니 내가 남들과 다르면 불안하고, 일정 이상의 직급이나 권위를 갖게 되면 남들로 하여금 '나와 같기'를 종용하게 된다. 다른 것은 '일탈'로 간주하고, 부하직원이 자꾸 다르게 하면 '반항'으로 간주하기도 한다.

하지만 이 시대의 코드는 '다름'이다. 그러니 '다름' 자체에 대해 부정적인 사람은 성공하기 어렵다. 물론 그저 다른 것만으로는 성공을 보장받을 수 없지만 남과 같은 것으로 성공하는 것은 낙타가 바늘구멍을 빠져나가는 것만큼이나 어려운 시대다.

잘할 수 있는 것을 잘해야 하는 세상

외국의 학자들이 우리 교육을 보며 가장 이해하기 힘들어 하는 대목이 있다고 한다. 그것은 '잘할 수 있는 것을 잘하게 하는 것이 아니라, 부족한 것을 집중적으로 교육시킨다.'는 것. 영어를 잘하는 학생에게 '영어는 그만큼 해서 늘 100점 맞으니 됐고, 30점 맞는 수학공부를 좀 열심히 하라.'고 말하는 한국교육이다.

각자 잘하는 것을 잘해야 모두 일등을 할 수 있다. 모두 똑같은 평가기준으로 매달리면 단 한 사람만 빼고는 모두 패배자가 되고 만다. 자신의 장점을 잘 개발해서, 그것을 월등히 잘할 수 있을 때 경쟁력이 생긴다.

그래서 현대는 '잘할 수 있는 것을 잘해야 하는 세상'이라고 표현된다. 잘할 수 있는 것을 잘해서 새로운 것을 만들어내고, 이를 통해 사람들의 만족을 키워주는 일. 그것이 이른바 창의다. 그러기 위해서는 달라야만 한다.

물론 다르기만 해서는 안 된다. 그 다름이 보다 나은 무엇을 담보할 때 비로소 창의가 된다. 기존에 나와 있는 것들은 이미 레드오션에 빠져 있다. 그래서 블루오션을 창출하라고 하지 않는가? 경쟁이 없는 시장이란 아직까지는 존재하지 않는 시장이다. 그러니 새로움이다.

그런 시장을 만들기 위해서는 다른 사고가 필요하며, 그런 시장이란 결국 다른 사고가 만든 다른 시장이다. 틀린 사고와 틀린 시장이 아니라는 것. 남과 다른 것을 더 이상 틀렸다고 하지 말자. 그저 다른 것이다. 그리고 그 다른 것 중에는 최적화된 다름이 있고, 그저 다르기만 한 것이 존재한다.

'틀린다.'는 표현은 '맞는다.'가 존재할 경우다. 세상에는 그런 것들도 있다. 그러나 답이 여러 개 존재하는 것이 대부분이다. 그래서 사회생활에서는 정답이 아니라 최적화된 답을 말하곤 한다. 변수가 많은 일에서 정답이란 있을 수 없기 때문이다.

우리는 남들과는 다른 최적화된 답을 말해야 하는 세상에 살게 되었다. 그러기 위해서는 어떤 과정을 거쳐야 하는가? 보통 창의성을 말할 때 사람들은 그것을 상상력과 같은 개념으로 이해하는 경우가 많다.

구세대들에게 더 유리할 수 있는 창의력?

물론 상상력이 풍부하면 창의를 잘할 수 있다. 하지만 상상력만으로 창의가 완성되는 것은 아니다. 몽상이나 공상이 곧 상상력은 아니지 않은가? 상상력은 창의를 돕는 매우 중요한 요소임에는 틀림없다.

그러나 창의를 위해서는 상상력 외에 분석력, 논리력, 통합력, 실천력이 필요하다. 이들 중 상상력과 분석력은 모두 확산의 기재이고, 논리력과 통합력은 수렴의 기재다. 대체로 획일화가 강조되는 시대를 살아왔던 사람들은 수렴에 강한 반면 확산에 약하다.

보통의 경우 누군가가 의견을 내놓으면, 다른 사람들은 또 다른 의견을 내놓는다. 그리고 여러 의견이 도출되면 그 중 어떤 것이 최적화된 것인지를 토론해야 한다. 하지만 우리 사회는 누군가 내놓은 하나의 의견에 대해 찬반을 결정하는 데 익숙해져 있다.

여러 가지를 이끌어내고, 그 중 최적화된 것을 찾는 것이 아니라, 하나의 의견에 모두 매달린다는 것. 그러다보니 선택의 폭이 좁다. 아니, 없는 경우가 태반이다. 반대로 수렴에는 매우 강하다. 꼭 옳아서가 아니라, 귀찮아서 수렴에 응하기도 한다.

이러한 확산의 기재들 중에서 상상력은 고정관념이 많아질수록 발현되기 어려운 측면이 있다. 하지만 분석력은 경험과 지식에 비례하는 경우가 많다. 오래 해본 일일수록 그 구조를 잘 분석할 수 있다는 것.

논리력과 통합력 역시 경험과 지식의 총합으로 발현될 수 있다. 젊은 사람들, 아직 획일화에 물들지 않은 21세기형 인간들이 상상력을 발휘하는 데 유리하다면 '분석력, 논리력, 통합력'의 분야는 구세대(?)들이 유리하다.

다만 충분히 확산 후에 수렴해야 한다는 매우 단순한 창의력의 구조를 이해하는 것이 중요하다. 기존의 경험을 과신해서 입안하고, 이것을 권위로 수렴하려는 자세를 버려야 한다.

급한 마음 또한 확산을 방해한다.

다름에 대한 편견을 버리는 것이 창의적 리더십

충분히 확산하고, 그 이후에 논리력을 기준으로 최적화된 답을 내고, 이렇게 나온 몇 가지 답을 통합함으로써 창의가 기획된다. 그리고 이것을 현실화하는 추진력, 즉 실천력이 담보될 때 비로소 창의는 완성되는 것이다.

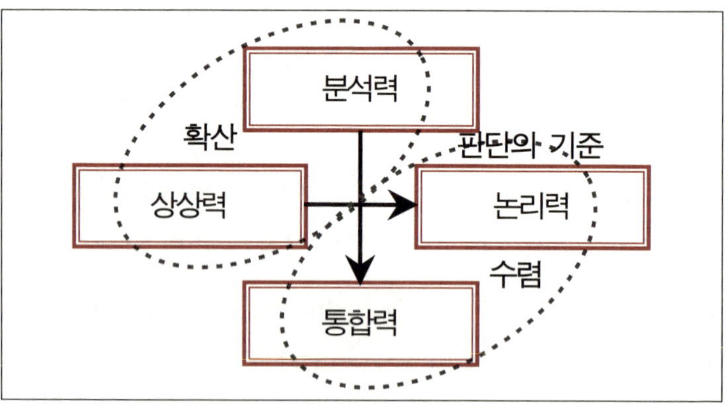

상상력과 논리력은 그런 측면에서 상반된 양극에 위치하며, 분석력과 통합력 또한 마찬가지다. 위의 그림은 이러한 구조를 보여준다. 네 가지 능력의 역학관계이자, 상생관계다. 그리고 아래의 그림은 실천력이 보태져 이것들이 완성되는 과정을 표현한 것이다.

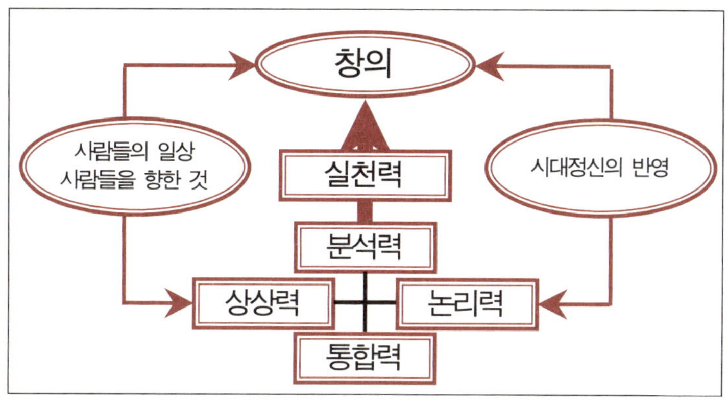

그렇다면 이러한 창의성의 토대는 무엇인가? 그것은 우리가 살고 있는 시대와 사람들이다. 우리가 살고 있는 시대와 사람들 속에서 고정관념 없이 '보이는 대로 보는' 시각을 통해 필요한 창의를 알아차리고, 창의의 방향을 정해 첫 걸음을 내디딜 수 있다는 것이다.

그리고 그렇게 만들어진 창의의 성패와 옳고 그름 또한 우리가 살고 있는 시대와 사람들에 의해 정해진다. 그것이 창의성의 성공지표다. 따라서 우리는 우리의 일상을 잘 살펴야 하며, 우리의 일상 위에서 창의성을 출발시켜야만 한다.

창의성이란 이런 것이다. 그렇다면 창의를 이끌어내는 리더십이란 어떤 것일까? 그것은 '다름'에 대한 편견을 버리는 것이다. 나와 다른 팀원의 의견을 터부시하지 않고, 수용하는 것. 그것으로부터 창의가 시작된다. 다름에 대한 편견을 버려야 창의적 리더십이 깃든다.

각자의 재능을 발현하게 하는 협업의 리더십

우리 모두가 같은 생각을 한다면 보다 '빠른 속도'와 '빠른 성과'를 얻을 수 있을 것이다. 하지만 그것은 기존의 것이다. 양적 팽창 위주의 성장에는 도움이 되지만 질적 성장을 이루는 데에는 한계가 있다. 우리 모두가 다르고, 그 다름이 인정되는 조직일 때 비로소 각각의 장점이 활용될 수 있다. 그것들이 모여 큰 성과의 창의로 이어진다는 점을 명심하자.

이러한 창의를 이끄는 리더십을 '협업의 리더십'이라 일컬을 수 있다. 각각의 능력을 갖춘 팀원들로 하여금 자신의 능력을 최대화할 수 있도록 이끄는 리더십. 각각이 가진 재능이 120% 발휘될 수 있도록 일을 구조화하는 리더십이야말로 진정한 팀워크를 만들어낼 수 있다.

창의의 핵심은 융합과 복합이다. 다른 두 가지가 만나 새로운 하나를 완성하는 기술이다. 협업이 필요한 이유가 여기에 있다. 그러니 '분업적 사고'로는 달성할 수 없는 것이 창의다. 분업과 협업은 함께 일한다는 점 외에는 같은 점이 없다.

분업은 조직주의의 산물이다. 분업은 하나의 일을 효율적으로 나눠하기 위한 구조다. 그러니 머리는 하나이고 손과 발만 여럿이다. 하지만 협업은 참여하고, 소통하며, 공유할 때 비로소 가능해지는 구조다. 이렇게 새로운 하나를 창의해내는 것이다. 그러니 여러 머리가 모인 구조라 할 수 있겠다.

협업을 위한 팀워크의 요체는 소통이다. 이제 더 이상 '팀워크를 위한 의사 포기'를 종용하지 말자. 우리의 소통은 각각의 능력을 소통하는 것이다. 소통을 통해 모든 능력을 하나로 모아 시너지를 만들어내게 하자. 그것이야말로 창의로 가는 첫 걸음이요, 이 시대가 요구하는 리더십이다.

창의란 새로움이다.
하지만
그저 새롭기만 한 것으로는 부족하다.
시대정신을 읽고, 사람을 읽는
최적화된 답을 발견하는 것,
그것이 바로
이 시대가 요구하는 창의다.
이를 위해서는
고정관념을 깨고 나아가는 상상력,
분석력, 논리력, 통합력과 더불어
실천력이 필요하다.
이 모든 것이 조화를 이룬 창의란
협업을 통해서만 가능하며,
이 협업의 주체로 거듭날 수 있는
창의적 리더십은
조직원 모두와 소통하고,
그들 모두의 능력을 소통하게 하는

협업리더십이다.

1부 : 리더십, 위기에서 기회를 발견하다!

3장 : 최적화된 답을 찾는 확산과 수렴의 회의!

소통은 대화와 다르다. 대화를 했지만 소통이 되지 않는 경우는 얼마든지 있다. 대화도 대화 나름이다. 요즘 가정의 '대화 부재'가 심각한 문제라는 기사를 종종 보게 된다. 이런 기사를 읽은 한 아버지가 딸과 대화를 시도했다.

두어 시간 딸과 대화를 나눈 아버지는 나름 흡족해했다고 한다. 하지만 그 딸의 말, '그게 무슨 대화야? 잔소리지.' 대화조차 잘 이루어지지 않는 사회에서 소통은 더더욱 어려울 수밖에 없다. 과연 어떤 것이 소통이고, 어디까지가 소통인가?

우리 사회 곳곳에는 소통을 위한 도구가 있고, 그 도구들이 활용되고 있다. 조직의 회의야말로 가장 중요한 소통도구다. 문제는 '회의를 하는가, 하지 않는가.'가 아니다. 회의는 하되, 그것이 소통에 도움이 되는지, 오히려 소통에 방해가 되는지를 살펴볼 필요가 있다.

과연 지금의 회의가 소통의 도구로 작동되고 있는가? 그렇지 않다. 많은 부하직원들은 회의를 '훈화' 내지 '지시'로 받아들이고 있다. 이러한 회의는 앞 장에서 말한 협업에도 전혀 도움이 되지 않는다.

최적화된 답을 도출하기 위한 제대로 된 회의

서로가 가지고 있는 장점이 결합되고, 그것이 새롭고도 최적화된 답으로 도출되기 위해서는 '제대로 된 회의'가 필요하다. 빅마우스가 존재하는 회의, 그 중에서도 리더가 빅마우스인 회의는 협업을 억누르는 치명적 도구다.

물론 그 문제에 대해 가장 잘 알고, 그 문제의 답을 이미 가지고 있는 자가 이를 전달하고자 하거나, 일을 나누고자 할 때는 다르다. 하지만 그런 경우의 모임을 회의라고 부르지는 말자. 그것은 업무지시다. 업무지시를 단체로 했을 뿐이라는 것. 회의는 각자의 의견을 상호 교환하는 과정이다.

회의가 완결적 구조를 갖기 위해서는 확산과 수렴 과정이 포함되어 있어야만 한다. 그리고 이러한 회의는 업무와의 명확한 관계가 전제되어야만 한다. 회의를 했지만 그 결과가 업무에 반영되지 않는다면 그것은 있으나 마나 한 회의다.

아래 그림은 업무와 회의의 상관관계를 다룬 T자형 모델을 도식화한 것이다. 그림에서 보여주는 바와 같이 회의는 업무목적 달성을 위한 것이며, 그 결과가 업무목적에 반영되는 것을 전제로 해야만 한다.

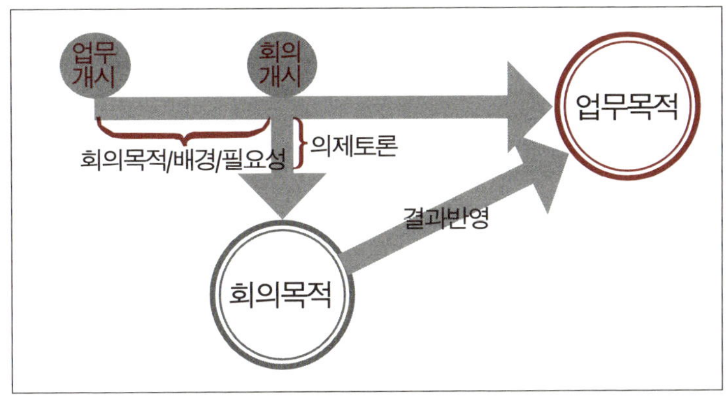

의외로 잘못된 회의들이 많다. 참가자가 왜 회의에 왔는지도 모르는 회의, 청문회나 설교나 교육 같은 회의, 대책 없고 결론이 없는 회의 등이 모두 잘못된 회의의 전형적 유형이다. 무엇이 문제인지 알 수 없는 회의도 그렇다. 특히 시간개념이 없이 늘어지는 회의야말로 잘못된 준비가 초래한 결과다.

회의는 많은 사람들이 모여서 진행된다. 따라서 시간개념이 분명해야 한다. 보통 시작하는 시간만 정해놓고 끝나는 시간이 예정되지 않는 경우가 많다. 이래서는 회의 이후의 일정을 준비할 수 없다. 시간개념이 분명한 회의를 만들어야 한다.

회의는 적으면 적을수록, 짧으면 짧을수록 좋다.

회의는 기획, 소집, 준비, 진행, 마무리, 평가, 결과정리의 순으로 진행된다. 소집과 진행만 있고, 다른 것이 결여된 회의는 효율적이지 못하다. 기왕 회의를 하기로 했다면 절차와 원칙을 지켜야 할 것이다.

'회의가 잦거나 긴 조직은 망하는 조직이다.'라는 말이 있다. 회의는 적으면 적을수록, 짧으면 짧을수록 좋다. 따라서 회의를 기획하는 데 있어 생각해보아야 할 세 가지가 있다. 첫째, 꼭 필요한 회의인가? 둘째, 스스로 결정하면 되는 것은 아닌가? 셋째, 더 좋은 수단이 있을 수 있지는 않은가? 이 세 가지 모두 가급적 회의를 줄이기 위한 물음이다.

이런 세 가지 사고를 했음에도 불구하고 회의가 필요하다고 느꼈다면 다시 세 가지 원칙을 적용하여 회의를 기획해야 한다. 첫째, 참석자를 어떻게 하면 줄일 수 있을까? 둘째, 빈도와 시간은 물론 배포자료를 줄일 수 있는 방안은 없을까? 셋째, 좀 더 원활한 운영을 할 수 없을까? 이것은 효율적인 회의를 위해 꼭 필요한 원칙들이다.

이런 사고와 원칙에 의해 회의를 개최하기로 했다면 다음 일곱 가지 지침을 지켜 회의를 기획해야 한다. 첫째, 시간을 엄수하라. 둘째, 최소 인원만을 참석시켜라. 셋째, 자료를 사전에 배포하고 검토하도록 하라. 넷째, 비용을 명시하라. 다섯째, 목적을 명확히 하라. 여섯째, 참가자 전원에게 발언권을 주어라. 일곱째, 회의록을 작성하라. 너무나도 당연한 것 같지만, 이 모두를 챙기는 회의는 그리 많지 않다.

세 가지의 사고, 세 가지의 원칙, 일곱 가지의 지침이라 하여, 우리는 이것을 '회의기획 337'이라고도 부른다. 회의 진행도중 빠진 것이 있거나 미처 챙기지 못한 것이 있다면 회의의 효율은 떨어질 것이다. 회의 준비를 위한 체크리스트를 만들어 빠짐없이 준비하도록 하자. 아래는 회의 준비를 위한 체크리스트 샘플이다.

회의 준비 체크리스트는 만들었는가?

회의 준비 시 체크 항목	완벽	보완	미흡
회의 개최 일시(개시, 종료시각)를 정했는가?			
회의 개최장소를 확보했는가?			
의제를 정했는가?			
의제에 관한 정보 수집을 했는가?			
회의 진행자를 정했는가?			
회의 참석자를 엄선했는가?			
회의 진행방식을 정했는가?			
회의의 목적을 정했는가?			
회의실의 전체적인 배치를 생각해 보았는가?			
회의 자료를 작성했는가?			

회의에서 사용할 도구(스크린, 화이트보드, 컴퓨터 등)를 준비했는가?			
회의에서 사용할 도구를 사전에 작동해서 확인했는가?			
회의에서 쓸 문구류를 준비했는가?			
회의 참석자의 착석위치를 정했는가?			
사전에 핵심인물에 대한 물밑 작업을 했는가?			
사전에 주요인물의 참석여부를 확인했는가?			
사전에 회의 참석자의 참석 여부를 확인했는가?			
사전에 회의 개최에 대한 통지를 했는가?			
사전에 회의 자료를 배부했는가?			

회의기획이 끝났다면 회의를 소집해야 한다. 회의진행자는 회의소집을 최소 3일 전에 통보해야 한다. 통보해야 할 내용으로는 회의목적 및 주제 내지 안건, 일시 및 장소, 참석범위, 준비자료, 담당자 연락처 등 회의에 대한 제반 사항들이 포함되어야 한다. 회의 개시시간은 물론 종료시간 통보도 잊지 말아야 할 내용.

회의소집 통보와 자료를 받은 참석자들은 회의 이전까지 안건을 숙지하고, 의제를 어떻게 조정해야 할지를 준비해야 한다. 해결방안 없이 회의에 참석하는 것은 무의미하다. 무슨 영문인지도 모른 채 회의에 참석하게 되는 경우도 심심치 않게 있다. 그런 회의에서 좋은 결과를 기대하는 것은 무리다.

피드백을 위한 평가가 중요하다

회의진행자는 회의소집 통보 후 원만한 진행을 위해 회의준비를 실시한다. 자유로운 회의 분위기 조성을 위한 회의장 준비가 주된 준비사항이다. 회의공간이 회의에 미치는 영향은 생각보다 크다. 진행사항을 고려한 회의공간을 준비해보자. 회의가 개시될 때까지 회의참석 인원의 변동 등도 예의주시하여 원활하게 회의가 진행될 수 있도록 해야 할 것이다.

회의진행을 위한 체크리스트도 준비되어 있다. 앞서 회의준비를 위한 체크리스트와는 달리, 진행 체크리스트는 객관화시키기도 어려울뿐더러, 진행 중에 보완하기가 어렵다. 따라서 이 체크리스트는 평가를 위한 체크리스트로 볼 수 있겠다.

회의진행 시 체크 항목	상 (3점)	중 (2점)	하 (1점)
회의진행상 필요한 모든 준비를 했다.			

정시에 회의를 시작했다.			
모든 참가자에게 의견을 구하고 방관하는 사람이 없도록 회의를 진행시켰다.			
참가자를 자연스럽게 토론에 유도했으며 무리하게 이끌지 않았다.			
회의를 순조롭게 진행시켜 목표에 한걸음 한걸음 접근해 갈 수 있었다.			
회의 도중에 사적 의견이나 설교 또는 강요하는 말을 하지 않았다.			
질문에 대해 대책을 즉시 말하지 않고 다른 사람이 생각할 수 있도록 했다.			
쉬운 말로 되도록 간결하게 말을 이어 갔다.			
중간 중간 토의를 정리하는 데 마음을 썼다.			
칠판이나 도표 등을 효과적으로 이용했다.			
예정대로 중요사항 및 적용방법에 관해 충분하게 토론을 진행시켰다.			
회의결과를 함께 정리하고, 결정된 사항에 대해 적절하게 역할분담을 했다.			
예정한 시간 내에 회의를 끝마쳤다.			

체크리스트의 점수를 매겨, 진행을 평가할 수도 있겠다. 총점 56점 이상이면 탁월한 진행, 총점 41점 이상이면 원만한 진행, 40점 이하라면 보다 나은 진행을 위해 노력해야 할 것이다. 회의를 마치면서 회의 전반에 대한 평가서를 작성해보

는 것도 좋다. 이 평가는 진행평가와는 조금 다른 시각에서 작성된다.

회의 평가 시 체크 항목					
회의의 목적은?	명백했다 ◀──▶ 명백하지 않았다				
	5	4	3	2	1
오늘 회의는?	집중 ◀──▶ 산만				
	5	4	3	2	1
회의 속도는?	빨랐다 ◀──▶ 느렸다				
	5	4	3	2	1
모든 사람이 참여기회를 얻었다?	그렇다 ◀──▶ 아니다				
	5	4	3	2	1
계획대로 잘 진행했다?	그렇다 ◀──▶ 아니다				
	5	4	3	2	1
기본규칙을 잘 준수했다?	그렇다 ◀──▶ 아니다				
	5	4	3	2	1

매번 회의를 이처럼 도식화해서 진행하기는 그리 쉽지 않을 것이다. 하지만 위의 체크리스트에서 챙겨진 항목들을 중심으

로 회의를 개선해가는 노력을 기울인다면, 지금까지보다는 훨씬 효율적인 회의가 진행될 것으로 믿는다.

더욱 중요한 것은 회의참석자들로 하여금 충분히 동기부여가 가능하도록 회의를 준비하고, 회의내용과 관련된 각종 정보를 공유하며, 모두가 참여해 의사결정을 할 수 있어야 한다는 사실이다. 이러한 전제를 중심으로 회의가 진행될 때, 그 회의는 보다 생산성 있는 결과로 이어지게 된다.

확산과 수렴의 툴, 브레인스토밍과 브레인라이팅

창의를 위해서는 확산과 수렴의 과정이 필수요건이다. 회의 역시 이러한 확산과 수렴의 과정으로 이루어져야 한다. 하지만 보다 효과적으로 확산과 수렴을 가능케 하는 회의를 위해 구체적인 방법이 있으니, 그것이 바로 브레인스토밍과 브레인라이팅이다.

먼저 브레인스토밍에 대해 알아보자. 브레인스토밍은 1940년대 초 광고회사 중역이던 알렉스 오즈번(Alex Osborn)의 '사람은 집단으로 일을 할 때 두 배 더 많은 아이디어를 낸다.'는 생각에 의해 탄생했다. 따라서 브레인스토밍은 확산의 도구다. 많은 것을 끌어내는 것이 중요하다는 것.

브레인스토밍을 실시했다고 해서 꼭 최적화된 답을 도출할 수 있는 것은 아니다. 중요한 것은 아이디어의 활성화다. 혼자서 턱을 괴고 앉아 멍하니 아이디어를 궁리하는 것에 비해서 훨씬 많은 아이디어가 도출된다는 것.

브레인스토밍은 한 가지 문제를 집단적으로 토의해 제각기 자유롭게 의견을 말하는 과정에서 독창적인 아이디어가 튀어나오는 아이디어 창출방법의 하나다.

그 기본적인 원리는 연상법에 의한 것이다. 남이 말한 것에 꼬리를 이어 자신의 생각을 끄집어낸다는 것. 이러한 브레인스토밍은 시간을 끌면 끌수록 효율이 떨어진다. 이 사실은 영국 켄트대학교의 브라이언 뮬런(Brian Mullen) 교수의 실험에서도 입증되었다.

'신제품의 이름을 생각해보라.'는 주제를 가지고 2개조로 나뉘어 실험이 실시되었다. A그룹은 20명을 한 그룹으로 하여 2시간 동안 줄곧 회의를 했고, B그룹은 5명씩 4팀으로 나눠 30분씩 과제수행을 한 후, 30분마다 그룹을 재구성해서 실험을 실시했다. 결국 B그룹은 그룹을 네 번 교체한 셈이다.

실험결과 소요시간은 모두 같았지만 아이디어의 양에서는 엄청난 차이가 났다. B그룹이 A그룹에 비해 3배 이상의 아이디어를 쏟아냈던 것. 이 실험에서 얻은 교훈은 실시한 시간보다는 발언자의 절대수가 중요하다는 점이다. A그룹에 비해 B그룹은 발언자의 수가 네 배였다.

브레인스토밍 중에 이야기를 할 수 있는 사람은 한 그룹당 단 한 명일 수밖에 없다. 나머지 사람들은 방관자가 된다. 따라서 5명씩 4팀으로 나눈 B그룹은 지속적으로 발언자의 수가 네 명이었던 것.

질보다는 양, 아이디어는 많을수록 좋다

그렇다면 브레인스토밍의 절차에 대해 알아보자. 브레인스토밍을 하기 전에 그 환경을 조성해야 한다. 서로 마주 볼 수 있는 좌석과 조를 만들고, 테이블에는 3~6명의 구성원들을 착석시킨다.

실시시간은 30분 정도가 적당하지만 상황에 따라 적절히 조절하면 좋을 것이다. 시간의 긴박성을 갖게 되면 사고 또한 활발해지는 특성이 있으므로, 퇴근시간 1시간 전쯤을 가장 좋은 실시시간으로 말하는 이도 있다.

먼저 주제를 제시한다. 주제는 모든 사람들이 이해할 수 있도록 간결하게 기술되어야 한다. 참가자들은 이 주제에 대해 각자 아이디어를 제시한다. 여기에서는 질보다 양이 매우 중요하므로 많은 아이디어가 제시될 수 있도록 진행하는 것이 필요하다.

따라서 브레인스토밍은 정해진 원칙에 의해 진행되어야만 한다. 브레인스토밍의 원칙에는 '비판금지, 자유분방, 질보다 양, 통합과 개선'의 네 가지가 있다.

비판금지의 원칙은 말 그대로 상대방이 내는 아이디어에 대해 절대 비판하지 않는다는 것. 비판을 의식하면 생각의 폭이 줄어들고 말로 내뱉지 못하게 되는 아이디어가 생길 수 있기 때문이다.

자유분방의 원칙은 자유로운 분위기를 조성하도록 노력해야한다는 것. 질보다 양 우선 원칙은 아이디어의 질이 낮은 것 같다고 생각되더라도 참석자들이 일단 제시하도록 독려해야 한다는 것. 자신의 아이디어는 별 것 아니더라도 이것이 남에게 연상작용으로 전달되면 전구에 불이 들어오는 것처럼 번뜩이는 아이디어가 갑자기 생기는 경우도 많다.

통합과 개선 원칙은 제안된 모든 아이디어를 종합해서 부족한 아이디어를 개선하는 원칙이다. 이를 위해 제시되는 아이디어들을 모두 기록하고, 정리하여야 한다. 이 원칙을 지키지 않으면 원래의 목적인 결과물 도출이 어려워지게 된다.

연상작용을 더욱 강화시키기 위해서는 제시된 아이디어를 모두가 볼 수 있도록 칠판에 적거나 포스트잇을 이용하여 제시하는 방법 등을 활용할 수 있겠다.

컴퓨터를 활용하는 전자 브레인스토밍도 각광

아이디어가 모두 도출된 뒤에는 문제해결에 도움이 될 수 있는 정도를 판단하기 위해 몇 가지 기준을 합의한다. 그리고 그 기준을 바탕으로 제시된 아이디어들 중 5개 정도의 아이디어를 평가하고, 그 중 최선안을 채택한다.

하지만 브레인스토밍은 의사결정 자체를 위한 것이 아니다.

문제해결을 위한 커뮤니케이션이며, 아이디어 도출을 위한 과정이다. 따라서 이렇게 도출된 아이디어들은 반드시 다음 과정을 통해 보다 최적화된 답으로 연결시켜야만 한다.

최근에는 브레인스토밍 원리는 그대로 적용하되, 컴퓨터를 활용하는 전자 브레인스토밍(Electronic Brainstorming)도 운용되고 있다. 참가자의 수를 무제한 늘릴 수 있으며, 참가자들의 보다 활발한 상호작용이 가능하기 때문에 이를 사용하는 조직의 수가 빠르게 늘고 있다.

전자 브레인스토밍은 공간적 제약이 없다는 것 외에도, 자신의 아이디어에 대해 발표 방해를 받지 않는 것은 물론, 타인의 평가에 대한 두려움을 줄여줄 수 있다는 점에서 보다 활발한 커뮤니케이션이 가능한 툴로 각광받고 있다. 하지만 익명성으로 인한 폐해, 비용 문제 등이 아직 해결해야 할 과제라 하겠다. 필요성의 증대에 따라 보다 나은 프로그램이 개발되고, 활성화된다면 매우 확산될 수 있는 툴로 주목된다.

브레인스토밍에서 파생된 툴로 브레인라이팅이 있다. 독일의 행태분석법 전문가인 호리겔이 창안한 브레인라이팅은 일명 '6,3,5법'으로도 불린다. 6명의 참가자가 각기 3개씩의 아이디어를 5분마다 차례차례 생각하고 써나가는 방식으로 완성되었기 때문이다.

많은 구성원으로 이루어진 조직에서 흔히 사용되는 아이디어 창출기법으로, 자기주장을 내세우기 꺼려하는 사람들의 아이디어도 취합할 수 있다는 장점이 있다. 시종 침묵한 채로 구성원들의 사고를 기술하게 하는 집단발상법이다.

브레인스토밍과 가장 큰 차이는 각자 사고의 시간을 가질 수 있다는 것. 남의 의견을 듣는 것에만 집중하여 자기 사고를 갖지 못하게 하는 단점을 개선할 수 있다. 여기에 더해 남의 의견을 일정한 간격으로 볼 수 있으므로 집단발상의 장점도 놓치지 않는 사고의 방법이라 하겠다.

6,3,5에서 변형된 문제해결 중심의 5,3,3방식

더불어 침묵 속에서 진행돼 개인 사고의 특징을 최대한 살릴 수 있는 집단 발상법이라 하겠다. 호리겔의 당초 제안은 6,3,5방식이었지만 그 방식은 조직의 특성에 따라 얼마든지 변형 가능하다. 연령이나 성별 등 인구통계학적 특성에 따라

특히 시간의 과다사용이 조정될 수 있으며, 참가인원도 3~6인이면 언제든 가능한 방식이다. 이 책에서는 '문제해결 중심의 5,3,3방식'으로 소개하고자 한다.

주제 : (   )

구분	A	B	C
1			
2			
3			
4			
5			

5,3,3이란 5명의 참가자가 3가지 아이디어를 3분 만에 만들어내는 것이다. 그래서 우리는 이런 방법을 5,3,3법이라 부른다. 우선 대집단을 5명 정도로 이루어진 소집단으로 세분한다. 이렇게 나뉜 소집단은 회의 안건에 대해 적혀 있는 용지를 한 장씩 받고 원탁에 둘러앉는다.

진행자는 브레인스토밍과 마찬가지로 주제를 제시한다. 참석자는 그 주제에 대해 '왜, 무엇을, 어떻게'에 해당하는 아이디어를 제시하되, 한 칸에는 하나의 아이디어만 적도록 한다.

참석자는 아이디어를 내고, 1번 줄의 A, B, C칸을 각기 하나씩 아이디어로 채운다. '왜, 무엇을, 어떻게'로 각기 채울 수 있다면 좋겠지만 '왜'에 대한 생각만 세 가지를 냈다면 한 줄에 그 세 가지만 적어도 좋다. 3분 후, 3가지 아이디어를 쓴 용지를 시계방향의 옆 사람에게 건네 준 후 자신이 받은 용지의 두 번째 줄에 기입한다.

각자 앞의 사람이 기입한 첫 번째 줄의 아이디어를 보면서, 이것을 발전시키거나, 연상작용에 의해 써넣을 수도 있으며, 완전히 새로운 아이디어를 써넣을 수도 있다. 다시 3분이 지나면 용지를 돌리고, 세 번째 줄에 아이디어를 기입한다. 마지막 줄까지 작업을 반복하게 되면 자신이 맨 첫줄을 적은 용지가 앞에 놓이게 될 것이다.

확산과 수렴이 동시에 이루어지는 완결형 도구

브레인라이팅이 완료될 때쯤이면 모든 참가자가 그 아이디어를 소유하게 된다. 브레인스토밍과는 달리 아이디어를 개별적으로 창출해 종이에 기록하기 때문에, 지배적인 개인의 영향력이 줄어든다. 즉 빅마우스의 영향력이 줄어든다는 것.

용지 작성이 다 끝나면 평가를 시작한다. 소집단 참석자들은 브레인라이팅에서 도출된 아이디어 중 최적화된 답을 결정하게 된다. 먼저 모든 참석자는 자신이 가지고 있는 용지의 각 칸에 '왜'에 해당되는 아이디어들은 '□'표를, '무엇을'에 해당되는 아이디어들은 '△'표를, '어떻게'에 해당되는 아이디어들은 '○'표를 그려 넣는다.

다 그려 넣었으면 용지를 모아놓고, 그것을 보면서 '□' 중 꼭 필요한 것과, 가장 기발한 것 하나씩을 도출한다. '△'표와 '○'표도 마찬가지로 그 중 꼭 필요한 것과 가장 기발한 것을 하나씩 도출한다.

이렇게 하면 '왜', '무엇을', '어떻게'에 해당되는 아이디어 중 꼭 필요한 것 하나씩과 기발한 아이디어 하나씩이 골라지게 될 것이다. 소집단들이 도출한 아이디어를 칠판에 적어 넣으면, 대집단 전체의 아이디어 도해가 마무리된다. 브레인라이팅 한 번으로 확산과 수렴이 모두 이루어지게 된 것이다.

그런가하면 수렴만 하는 브레인라이팅 기법도 있다. 일명 '카드 브레인라이팅', 혹은 '포스트잇 브레인라이팅'이라고도 한다. 카드를 사용하면 '카드 브레인라이팅'이고, 포스트잇을 사용하면 '포스트잇 브레인라이팅'이다.

대규모 인원의 수렴으로 각광받는 브레인라이팅

진행자는 참석자들에게 포스트잇을 3장씩 나눠준다. 그리고 한 가지 주제에 대해 3장의 포스트잇을 적도록 한다. 문장보다는 단어로 간명하게 적도록 하는 것이 요령이다. 참석자 수도 관계없다. 50명 이상 참석하는 브레인라이팅도 얼마든지 가능하다. 컴퓨터를 이용하면 수만 명의 참여도 가능해진다.

이렇게 적힌 포스트잇을 거둬 비슷한 것끼리 분류하며 칠판에 붙인다. 그 주제도 얼마든지 자유로울 수 있다. 경험에 따르면, 아무리 많은 인원이 참석한다 해도 칠판에서 구분되는 분류는 10개 이내다.

이 방법으로 진행된 회의는 많은 참석자들의 빠른 수렴을 가능하게 한다. 뿐만 아니라, '우리 생각이 결국 비슷했구나.'라는 컨센서스를 형성하게 한다. '누구의 생각도 틀리지 않았다.'를 확인할 수 있는 좋은 방법이기도 하다는 것.

회의가 완결적 구조를 갖기 위해서는
확산과 **수렴**과정이
포함되어 있어야만 한다.
그리고 이러한 회의는
업무와의 명확한 **관계**가
전제되어야만 한다.
회의를 했지만
그 결과가 업무에 반영되지 않는다면
그것은 있으나 마나 한 회의다.
보다 효과적인 확산과 수렴의 도구로
브레인스토밍과
브레인라이팅이 제안되고 있다.
하지만 이처럼 도구를 사용하는 것에 앞서
더욱 중요한 것은
리더의 **협업의지**다.

1부 : 리더십, 위기에서 기회를 발견하다!

4장 : 수평적 리더십이란, 관계의 리더십이다!

당신은 어떤 리더인가? 아직 리더가 아니라면 어떤 리더가 되고 싶은가? 좋은 리더가 되기 위해 당신이 가져야 할 능력은 무엇인가? 당신은 당신이 가져야 할 능력을 모두 갖추었는가?

현재 주어진 일을 잘 처리하는 것으로 당신의 미래가 열릴 것이라 믿는가? 결코 그렇지 않다. 주어진 업무를 잘 해내는 것보다는 스스로 일을 찾아서 할 줄 아는 사람이 좋은 평가를 받고, 미래를 대비해 내공을 기르는 사람에게 성공의 길이 열린다. 그렇게 하기 위해 갖추어야 할 중요한 능력 중 하나가 바로 리더십이다.

예전의 리더십은 영웅적 리더십이었다. 이순신 장군의 예는 인재발굴과 무한능력 개발, 인간관계와 스킬 등 리더십의 탁월한 본보기로서 영웅적 리더십의 표본이라 하겠다. 이순신은 모두 알다시피 최악의 환경에서 7년간의 전쟁을 승리로 이끌었다. 그렇다면 과연 그의 환경은 어떠했는가?

카리스마리더십, 당신은 영웅이 되고 싶은가?

'맨주먹의 CEO 이순신에게 배워라'라는 책에서 작가는 이순신의 입을 빌려 독자들에게 이렇게 말한다. 집안이 나쁘다고 탓하지 말라! 나는 몰락한 역적의 가문에서 태어나 가난 때문에 외가에서 자라났다. 머리가 나쁘다 말하지 말라! 나는 첫 시험에서 낙방하고 서른 둘의 늦은 나이에 겨우 과거에 급제했다.

좋은 직위가 아니라고 불평하지 말라! 나는 14년 동안 변방 오지의 말단 수비장교로 돌았다. 윗사람의 지시라 어쩔 수 없다고 말하지 말라! 나는 불의한 직속상관들과의 불화로 몇 차례나 파면과 불이익을 받았다.

몸이 약하다고 고민하지 말라! 나는 평생 고질적인 위장병과 전염병으로 고통 받았다. 기회가 주어지지 않는다고 불평하지 말라! 나는 적군의 침입으로 나라가 위태로워진 후 마흔 일곱에 제독이 되었다.

조직의 지원이 없다고 실망하지 말라! 나는 스스로 논밭을 갈아 군자금을 만들었고, 스물세 번 싸워 스물세 번 이겼다. 윗사람이 알아주지 않는다고 불만 갖지 말라! 나는 끊임없는 임금의 오해와 의심으로 모든 공을 빼앗긴 채 옥살이를 해야 했다.

자본이 없다고 절망하지 말라! 나는 빈손으로 돌아온 전쟁터에서 열 두 척의 낡은 배로 133척의 적을 막았다. 옳지 못한 방법으로 가족을 사랑한다 말하지 말라! 나는 스무 살의 아들을 적의 칼날에 잃었고, 또 다른 아들들과 함께 전쟁터로 나섰다. 죽음이 두렵다고 말하지 말라! 나는 적들이 물러가는 마지막 전투에서 스스로 죽음을 택했다.

이 기막힌 절대적 절망 속에서 이순신 장군이 매번 전투를 승리로 이끌 수 있었던 힘은 과연 무엇일까? 부하들이 무한한 잠재력을 발휘할 수 있도록 만든 영웅적 리더십이 그 힘의 원천이었을 것이다.

'모두가 리더인 조직'의 리더야말로 진정한 리더

부처와 공자도 수많은 제자와 무리를 이끌었으며, 예수 역시 갈릴리의 어부들을 3년 만에 복음의 능력자로 키워냈다. 다윗은 아둘람굴의 사회 부적응자 600명을 신정국가 건국의 일등 공신들로 성공시켰다.

빌게이츠는 자신과 함께 하는 사람 수십 명을 백만장자로 성공시켰고, 록펠러 역시 40여 명의 백만장자가 따르는 리더였다. 그렇다. 지금까지의 리더십은 이처럼 전지전능한 영웅적 리더십이었던 것이다.

재미있는 것은 이러한 영웅적 리더십의 이면이다. 이순신은 '난중일기'를 통해 '부하들과 자주 밤새 술을 마셨다.'고 밝히고 있다. 그는 한산도 운주당에 모여 부하들을 불러 술을 마시며 의논을 했다.

이 점이 원균과의 가장 큰 차이이기도 하다. 이순신은 아랫사람의 이야기에 귀를 기울일 줄 알았고, 그런 시간을 통해 부하들의 지혜를 배웠다. 또한 조정의 대소신료들에게 많은 선물을 보내기도 했으며, 명나라 원군을 위해 자신의 공을 그들에게 돌리기도 했다. 이른바 '관계의 리더십'이다.

사람들이 달라지고, 그들의 생각이 달라지고 있다. 모든 사람들이 스스로 주체가 되어 자기실현을 위해 내달린다. 어느 누구도 객체이고 싶어 하지 않는다. 각자의 개성이 다양하고, 스타일도 다르다. 올바른 리더십은 먼저 그런 그들의 스타일을 제대로 알고, 그 지점에서부터 시작하는 리더십이다.

사람들은 현대를 '지도력의 위기시대'라 일컫는다. 모두가 주체가 되려 하고, 혹은 모두가 객체가 되려 하는 시대. 그 시대를 윈-윈(win-win)으로 이끌기 위한 리더십은 과연 무엇일까?

결론적으로 그러한 리더십은 '수평적 리더십'이다. 신입사원도 리더가 될 수 있고, 관리자도 리더가 될 수 있는, 즉 누구나 리더가 되어 일을 이끌어갈 수 있는 열린 구조로 사회가 변화해 가고 있다. 조직의 발전방향과 부합하는 생각으로 조직의 일을 촉진시킬 수 있는 사람이라면, 언제나 그는 그 자리에서 리더가 되는 것이다.

모두가 사고하고, 말하고, 행하고, 평가하게 하라

그렇다면 오늘날에 있어 리더는 어떻게 정의되어야 할까? 부하직원 모두를 리더로 만드는 리더야말로 진정한 리더다. 자신이 목적지를 지목하고, 부하들을 목적지로 독려하는 식의 리더십으로는 좋은 리더가 되기 어렵다.

부하들 스스로 목적지를 정하고, 목적지로 나아가는 방안을 마련하도록 하는 리더가 되어야 한다는 것. 그렇다면 좋은 리더가 되기 위해 필요한 구체적 덕목에는 어떤 것들이 있을까?

첫째, 판을 잘 펼쳐라. 팀원들에게 팀과 스스로에 대한 자긍심을 가질 수 있게 해주고, 주체적으로 일할 수 있는 동기를 부여해야 한다. 채찍과 당근을 번갈아 쓰며 팀원들을 몰아가는 것이 아니라 팀원들 스스로가 기쁜 마음으로, 사명감을 가지고 일하게 해야 한다는 것이다.

둘째, 팀원들을 손발로 쓰지 마라. 당신이 일을 편하게 하기 위한 조력자로 그들을 묶어둔다면 일의 성과는 언제나 당신이 가지고 있는 능력 이상을 뛰어넘지 못한다. 그들 모두가 각자 하나의 주체가 되도록 해서 스스로의 역량을 모을 수 있도록 하는 것이 진정한 리더의 역할이다.

셋째, 먼저 답을 내지 마라. 나의 답은 확신할 수 있는가? 경험이 정보를 뛰어넘지 못하는 사회다. 내가 가지고 있는 정보와 지식의 양에 의존하지 말고, 팀원들 모두의 정보와 지식에 기대야 한다. 그들이 머리를 모아 답을 내도록 하는 리더가 진정한 리더다.

넷째, 귀를 열어야 한다. 부하가 아닌 팀원들로부터 이야기를 듣고, 외부환경에서 들려오는 소리에도 귀를 기울여야 한다. 그래서 모든 사람들이 당신에게 말하고 싶도록 해야 한다. 잘 들어주는 사람이 되는 것, 그것이 바로 좋은 리더십의 중요한 조건 중 하나다.

다섯째는 그들 스스로 강해지게 만들어야 한다는 것이다. 리더 스스로 훈련교관을 자청하여 훈련시키려 들지 말고, 팀원 각자가 자신이 부족한 곳을 알아차리게 해야 한다. 일에 대한 평가 역시 당신이 내려서는 안 된다. 팀원 스스로 깨닫고, 그 깨달음을 통해 각자 최선의 방법으로 노력을 경주할 때 팀원은 강해질 것이며, 팀 전체도 강해지게 된다.

팀의 성공을 이끌어 내는 사람이 리더

이렇게 되면 팀원 모두는 사고하게 되며, 말하게 되고, 움직이게 되며, 평가하게 된다. 그리고 부족한 부분을 알아채고 그것을 보충해갈 것이며, 다른 팀원의 부족한 부분까지 채워주기 위해 애쓰게 될 것이다. 이런 조직이야말로 능동적이고도 주체적인 조직이다. 그리고 이런 조직을 이끄는 리더야말로 진정한 리더인 것이다.

지금 당신의 자리는 어디인가? 말단인가? 아니면 관리자인가? 아니면 승진을 준비하고 있는 사람인가? 누구나 리더가 될 수 있다. 팀을 이끌고, 나아가 성공을 이끌어내는 사람이 리더다. 관리자가 역량을 발휘하지 않는 사이 신입사원이 의견을 내고, 그 의견대로 어떤 일이 처리되었다면 실질적인 리더는 바로 그 신입사원인 것.

직장에서는 일정 기간이 지나면 승진을 한다. 표면적으로는 그렇다. 아무리 능력이 있어도 일정 기간이 되지 않으면 승진이 어렵다. 그러나 최근에는 업다운 제도라는 것이 유행이다. '승진하거나 퇴사하거나'쯤으로 해석이 가능하겠다. 일정 시간이 지났는데도 능력이 안 되면 승진할 수 없다는 것이다. 승진할 수 없는 정도가 아니고, 조직을 떠나야만 한다.

승진을 위해서는 어떤 능력이 필요한가? 자신의 일을 잘 처리하는 것만으로는 승진의 요건을 갖출 수 없다. 자신의 일을 잘 처리하니, 계속 그 자리에서 그 일을 잘 처리하면 된다. 굳이 승진을 시킬 필요가 없다는 것.

일의 처리능력은 물론이요, 보다 넓게 볼 줄 아는 능력, 일과 조직을 연결시킬 줄 아는 능력, 팀원들의 능력을 최대한 끌어낼 수 있는 능력 등을 갖췄을 때 비로소 그를 관리자의 위치로 승진시키게 되는 것이다. 이것이 바로 진정한 리더십이다.

'성공하는 사람들의 7가지 습관'의 저자 스티븐 코비 박사는 21세기 '지혜사회'의 리더가 되기 위한 방법을 제시한 바 있다. '농경사회, 산업사회, 지식정보사회 그 다음은 지혜사회가 될 것이다. 20세기 기업의 가장 가치 있는 자산이 생산설

비였다면, 21세기의 가치 있는 자산은 지식근로자와 그들의 생산성을 향상시키는 것이 될 것이다'라는 게 그의 핵심적인 주장이다.

리더의 첫째 조건은 패러다임의 변화를 읽는 것

때문에 인재를 육성하고 그들의 생산성을 높임으로써 발전을 이룰 수 있다는 것. 그는 지식근로자를 육성하기 위해서는 사고의 전환이 필요하다고 강조한다. 그렇다면 생산성의 획기적인 향상을 위해 어떤 사고가 필요한 것일까. 스티븐 코비 박사는 '사물 중심 사고'에서 '사람 중심 사고'로의 전환과, '선택과 집중으로의 전환'을 강조한다.

결국 자기경영이다. 사람 중심의 사고를 위해서는 자기경영이 필수적이다. 자기관리가 제대로 되면 선택한 것에 대한 집중이 가능해지고 생산성도 향상된다.

자기관리를 바탕으로 옳은 목표를 선택하고 집중할 때, 21세기 지혜사회에 맞는 리더가 될 수 있다. 스티븐 코비 박사는 21세기형 리더가 되기 위한 실천사항으로 다음의 7가지

원칙을 설파한다.

첫째, 모든 것에 주도적이 되어라. 둘째, 목표를 확립하고 행동하라. 셋째, 소중한 것부터 먼저 하라. 넷째, 상호 이익을 모색하라. 다섯째, 경청한 다음에 이해시켜라. 여섯째, 시너지를 활용하라. 일곱째, 심신을 단련하라. 이상에서 말한 일곱 가지 실천사항이 21세기형 리더를 만드는 가장 좋은 수련법이라는 것.

그는 리더십을 강조함에 있어 우리 사회의 변화와 패러다임의 변화를 전제했다. 그렇다. 리더의 조건 중 빠뜨릴 수 없는 하나는 사회의 변화와 패러다임의 변화를 읽는 능력이다. 그리고 그것에 적응한 리더십을 스스로 찾아 가꾸는 사람이야말로 진정한 21세기형 리더로 성장해갈 수 있을 것이다.

'철의 시대'가 막을 내리고 있다. 기원전 8세기 경 그리스의 시인이자 신화작가인 헤시오도스는 세상의 역사를 다섯 개의 시대로 설명했다. 그것은 '황금의 시대', '은의 시대', '청동의 시대', '영웅의 시대', '철의 시대'다. 헤시오도스가 말했던 이 '철의 시대'는 인류 최후의 시대다. 그런 철의 시대가 막을 내리고 있다. 그렇다면 이제 지구는 멸망하는가?

아니다. 우리는 철의 시대를 지나 '사람의 시대'로 가고 있다. 지식기반사회가 바로 그것이다. 디지털 산업과 웹2.0이 향하고 있는 방향은 사람이다. 그리고 사람을 위해 기술을 통합하는 시대다. 이것은 마음의 시대이고, 따뜻함의 시대다. 철이 가진 차가움이 아니라 따뜻함을 체온으로 나누는 시대가 우리 앞에 놓여 있다는 것.

헤시오도스가 말하는 철의 시대는 '악의 시대'였다. 이 시대에 인간은 죄악에 사로잡혀 겸손·진실·명예와 같은 것들은 모두 내버린 채 오로지 시기와 폭력으로 사리사욕만을 추구한다. 그러니 세상은 아귀지옥이 되는 것이다. 인간들의 관계는 최악으로 치닫는다. 그것이 바로 '철의 시대'였다.

서양인들이 맹신하던 철의 시대가 막을 내렸다

서양인들은 철에 의지해서 살아왔다. 개발의 역사요, 기술의 역사다. 그리고 나아가 자본의 역사다. 언제나 그들의 인식 속에서 철은 단단한 존재로 자리 잡아 왔다. '철은 대단한 것'이라는 그들의 인식 속에서 영국의 마거릿 대처도 '철의 여인'으로서 국민들의 사랑을 한 몸에 받았다.

1979년부터 11년간 영국 최초의 여성 총리로 재임한 대처. 그녀는 과감한 시장주의 경제를 도입했고, 장기간 이어진 석탄 노동자 파업을 진압했으며, 주요 국영기업을 민영화했고, 사회복지 혜택을 감축했다. 그녀는 자신이 이룩한 성과(?)들로 '철나비'라는 별명까지 얻게 된다.

철인정치를 들어보았는가? 그것은 플라톤이 주창한 개념이다. 여기서 말하는 철인(哲人)은 앞서의 철(鐵), 즉 강하다는 의미는 아니다. '지식을 갖춘'이라는 의미다. 하지만 이처럼 다른 두 단어 속에 흐르는 '강함'의 정신에는 모종의 공통점이 있지 않은가? 플라톤은 독재가 필요하다고 말한다.

그는 많은 사람들의 의견을 모으는 것으로는 이상향에 도달할 수 없다고 믿고 있었다. 그래서 독재자를 통해 이상의 세계로 갈 수 있다고 설파한다. 그것이 바로 철인정치다. 물론 '도덕성을 기초로 한'이라는 단서가 붙기는 했지만 말이다.

서양의 철학은 이처럼 '강함'의 철학이다. 그것을 우리는 실증적 철학이라 부른다. 내 눈으로 확인하기 전까지는 절대 믿을 수 없다는 것. 그것이 바로 그들의 존재론이다. 이러한 존재론은 실증과학으로 발전해서 문명의 이기들을 만드는 데 크게 기여하게 된다. 이 존재론은 소크라테스, 플라톤, 아리스토텔레스로 이어지며 이 땅에 그 모습을 드러냈다.

그들은 모두 이성주의자들이었다. 그래서 존재론은 이성주의다. 그리고 그것은 철저히 지식에 근거해서 세상을 바라보자는 것이다. 소크라테스가 했다는 가장 유명한 말은 '너 자신을 알라.'다. 이 말은 왜 유명해졌을까? 소크라테스는 자신의 마음조차 알려고 노력하면 알 수 있는 것이라 믿었다.

그러나 정말 자신의 마음을 알 수 있을까? 하루에도 열 두 번씩 변하는 '내 마음'을 과연 알아낼 수 있겠느냐는 것이다. 그들의 관심은 자신의 마음에 있지 않았다. 그들은 눈에 보이는 사물에 관심이 있었으며, 이러한 그들의 존재론은 실증과학을 낳았고, 그 실증과학은 문명의 이기를 만들었다.

갈등과 대립을 불러온 살벌한 철의 시대

그리고 그들은 이 문명의 이기를 이용해 세상을 '개발'하려 했다. 그렇게 그들의 문명은 발달했다. 하지만 그들은 눈에 보이지 않는 것은 믿으려 들지 않았다. ‘존재론’이란, 드러나지 않는 것을 외면하는 시각이다. 이것은 결국 형식적인 면만 강조하는 결과를 낳는다.

이것이 서양의 실물적 사고요, 유물론적 사고가 된다. 이는 매우 합리적인 사고이기도 하다. 그렇다면 서양의 존재론적 사고는 현실에서 어떻게 나타났을까? 존재론적 사고는, 강자가 계속 자신을 키우는 소위 ‘강철의 논리’로 발전한다.

자신의 존재를 끊임없이 강화하기 위해 노력했다는 것. 이것은 강한 자만이 더 강해질 수 있는 세상을 만들었다. 약자가 설 자리는 그 어디에도 없었던 것. 그리고 그것은 끊임없이 물질을 지향했다.

존재론에 근거하여 발전한 산업화는 자본주의를 낳았다. 이 자본주의가 극성을 부리던 시절, 서양적 존재론은 최고의 위력을 발휘했다. 그리고 세상은 빠르게 변모했다. 산업자본주의는 많은 가치를 창출해냈다. 비록 그 과정에서 자연이 파괴되고, 노동력이 착취당했지만 그 가치들은 끊임없이 확대 재생산되었다.

하지만 그 가치들은 모든 사람을 위한 것이 아니었다. 오로지 강자들만을 위해 존재하는 것이었다. 그들의 자본은 더욱 커져갔고, 그 자본은 더 많은 자연의 해체와 노동의 착취를 낳았다. 끊임없이 굴러가는 바퀴, 멈추면 쓰러지고 말 것이라는 위기감으로 그 바퀴는 쉬지 않고 구르며 부와 영광을 쌓아 올렸다.

좋은 물건이란, 사람에게 도움이 되는 물건이다

이런 존재론적 가치체계에 대해 우려를 가졌던 프랑스의 철학자 알튀세르는 '히말라야 래빗'을 말했다. 히말라야 산에 사는 토끼의 눈에는 평지에 살고 있는 코끼리가 매우 작게 보인다는 것. 그래서 토끼는 자신이 코끼리보다 더 크다고 착각하며 산다는 것이다.

높은 곳에서 내려다 본 자동차가 마치 장난감처럼 보이는 것과 같은 이치다. 이 말 속에는 강자에 대한 충고가 담겨 있다. 다른 사람들의 희생을 딛고 높은 곳에 서 있는 사람이 그 아래에 있는 사람들을 깔보고 있지는 않은지 다시 한 번 생각하게 하는 말이다.

이런 존재론적 한계는 인류가 발전을 거듭하는 사이, 인간에 대한 사랑, 대화와 소통의 문화를 우선순위에서 밀려나게 만들었다. 그로 말미암아 사람들은 갈등과 대립을 경험해야 했다. 이런 부작용이야말로 새삼스레 동양의 관계론이 주목받게 된 이유인 것이다.

지금 서양인들은 그들의 이런 사상적 전통에 대해 회의를 느끼고 있다. 동시에 동양의 고전에 대해 관심을 보이고 있다. 서양에서 생겨난 문제들, 즉 철의 시대가 가진 함정으로부터 빠져나올 수 있는 방법이 동양에 있다고 믿는다는 것이다.

서양의 존재론이 표방한 이상사회는 이데아의 세계다. 그것은 지식의 세계이며, 이성적인 세계다. 하지만 동양의 관계론이 표방한 이상적인 사회는 선함의 세계이며, 공존의 세계다. 두 세계의 철학은 자연을 보는 시각도 다르다. 서양의 철학이 자연을 정복해야 할 대상으로 삼았다면, 동양의 철학은 자연을 동반자로 보고 있다는 것.

존재론은 즉물적 사고이기 때문에 사물의 실체에 주목한다. 이를 보다 가공하고 발전시켜 자연을 정복하는 철의 역사가 바로 그들의 역사다. 나를 제외한 사람들 역시 또 다른 사물의 하나이고, 그것은 내 마음 속에서 다시금 정복의 대상으로 출현한다.

하지만 동양의 관계론은 자연의 순리를 중요하게 여겼기에 이기심이 없고, 내 것과 네 것의 구별이 없는 사회, 자기의 부모나 남의 부모, 자기의 자식이나 남의 자식을 가리지 않고 사랑하면서 살아가는 사회다. 사람과 사람의 관계가 모여 사회를 이루고 있음을 꿰뚫고, 그 관계를 중요한 삶의 원리로 삼고 있는 것이다.

우리는 무엇을 위해 그곳에 가려 하는가?

존재론과 관계론은 전혀 다른 태도로 나타난다. 존재론은 경쟁을 강조한다. 남보다 더 강한 존재로 커 나가기를 바라는 것이다. 하지만 관계론은 겸손과 공존을 가르친다. 함께 더불어 사는 법을 가르친다는 것이다. 그러니 자기 것만 무턱대고 추구하는 존재론과는 크게 다른 것이라 하겠다.

동양의 관계론은 지식에 대한 시선부터가 존재론과 다르다. 공자는 '지(知), 즉 안다는 것은 지인(知人), 즉 사람을 아는 것이다.'라고 말했다. 지식이란 '사람을 아는 것'이라는 뜻. 이러한 시각차는 세상을 다르게 만든다.

좋은 물건에 대한 양측의 개념을 생각해보자. 공자가 말하는 동양적 관계론에 따르면 '사람에게 도움이 되는 물건'이라는 의미가 담기게 될 것이다. 하지만 서양의 좋은 물건에는 '성능이 좋은, 큰, 최고의 물건'이라는 의미가 담겨 있을 것이다. 명료하다. 그러니 이러한 존재론적 배경을 가진 서양에서 과학과 산업이 더 빨리 발전할 수 있었던 것은 어쩌면 너무나도 당연한 결과라 하겠다.

하지만 지식기반사회는 '개발철학'으로 뚫고 나갈 수 없는 세상을 제시하고 있다. 이 사회가 추구하는 목적은 결국 인간으로 되돌아온다. 사람을 행복하게 하는 것이 지고지선의 목표가 된 것.

높은 건물보다는 그 건물에 사는 사람을, 혹은 그 건물을 쳐다보며 사는 사람을 배려하게 되었다는 것. 이젠 더 이상 높은 건물을 세우는 것만으로는 훈장을 받을 수 없는 사회다. 아무리 높은 건물이 들어서도 그것이 인간을 행복하게 할 수 없다면 의미가 없다는 것을 이제야 깨닫게 된 것이다.

'건물의 외형이 어떻고, 건물의 높이가 어떠한가?'라는 관심에서 '그 속에서 살게 될 인간들에게 그 건물이 어떤 의미인가?'라는 관심으로 우리의 시선이 급속히 옮겨가고 있다. 가치가 달라지고, 패러다임이 달라졌다.

무게로 달거나 자로 잴 수 있는 가치만이 존중받는 시대, 그 외의 것들은 배려하지 않는 사회, 그래서 갈등과 대립이 있었던 시대는 힘을 잃어버렸다. 돈으로 계산되는 것만이 목표인 사람, 목표를 달성하기 위해서는 어떤 수단이든 가리지 않았던 사람들이 하나둘씩 이 사회로부터 퇴장당하고 있다.

동양의 관계론에 유목성을 더하라

그것이 엄연한 세계의 흐름이다. 이제는 사람을 이해하고 관계를 복원해야 한다. 주류와 비주류는 화해해야 한다. 그리고 리더는 주류와 비주류라는 등식으로부터 빠져나와야 한다.

물론 동양의 관계론은 정주성 속의 철학이다. 집단을 규정하고, 그 집단 속의 질서를 기반으로 하는 배려요, 섬김이다. 하지만 그러한 점들을 감안한다 하더라도 그것이 사람을 향해 있음은 부정하기 어렵다.

정주성과 유목성은 도로와 길의 차이다. 도로는 이동을 위한 수단이다. 목적지와 내가 서 있는 곳을 가장 빠르게 잇는 수단에 불과하다. 하지만 길은 다르다. 유목민들에게 있어 길은 곧 삶이다.

길 위를 걷는 것 자체가 삶이라는 것. 삶을 무시하면서까지 목적을 이루려는 것은 허망하다. 중요한 것은 얼마나 빨리 가느냐가 아니다. 무엇을 위해 그곳에 가려 하는가? 또 어떤 과정을 통해 그곳에 가려는가? 우리는 이제 그것을 묻는 시대에 서 있다.

거울에 비친 모습으로 자신을 파악하는 것이 아니라, 자신의 마음에 비친 모습으로 나를 파악해야 하는 시대. 그것이야말로 동양적 가치관이요, 관계론의 산물이다. 우리는 동양의 가치관과 서양의 가치관 중 어느 쪽에 서 있었는가?

일제강점기, 미군정, 산업화 시기를 거치면서 우리 역시 서양의 존재론적 가치관에 매몰되어 그들의 사고를 추종해왔던 것이 사실이다. 그래서 많은 폐해들을 고스란히 떠안으며 발전해왔다.

1985년 63빌딩이 들어서자 우리나라는 들썩거렸다. 63빌딩은 그저 개인 소유의 건물에 불과하다. 하지만 우리나라 사람들 모두가 대단한 일이나 해낸 것처럼 요란을 떨었던 것. 이 빌딩이 해발 265m인 남산보다 1m 낮다며, 사람들은 은근히 인간의 위력과 자연의 능력을 비교하려고도 했다.

동양 최대, 세계 최대를 찾는 것 또한 존재론적 가치체계다. 나 홀로 멋진 건물들이 여기저기에서 위용을 자랑하며 솟아오르는 것 또한 그런 패러다임의 한 현상이다. 개인이건, 집단이건, 국가건, 자기 존재를 강화하고 키우려는 욕구가 우리네 근대성, 즉 산업화의 핵심 원리였던 것이다.

결과보다는 과정을 중요하게 생각하는 자세

하지만 우리는 언제고 돌아갈 준비가 되어 있는 사람들이다. 우리들 속에는 언제나 동양적 가치관과 관계론적 사고가 잠자고 있는 것이다. 어른들의 가르침과 문화의 공유 속에 그것들은 단지 잠자고 있었던 것이지, 죽어 있었던 것은 아니라는 것.

이제 희망을 깨워야 한다. 잠자고 있던 '사람에 대한 희망'을 깨워내야만 한다. 그리고 그 희망의 길로 나아가야 한다. 주류들이 서양의 '존재론적 가치'를 들고 세상을 휘두를 때도 우리들 들매화 인생들은 사람끼리 살을 부비며 어두운 시절을 견뎌왔다.

사람 인(人)자가 '두 사람이 기대어 서서 서로 의지하는 모양'이라는 가르침을 받고, 늘 곁에 있는 사람을 배려하면서 살아온 것이 우리 들매화들이다. 어둡고 긴 터널 속에서도 언제나 손을 맞잡고 희망을 속삭였던 것이 우리 들매화들이다.

이 시대는 대립과 갈등을 넘어 진정한 소통을 원하고 있다. 배타적이고 개별적이었던 사회와 사람들이 이젠 조화와 균형의 중요성을 깨닫고 있다. 그리고 그런 인식을 가진 리더를 간절히 원하고 있다.

그래서 우리 동양적 사고와 철학은 희망이 있다. 그리고 그런 철학의 바탕 위에서 자라온 우리는 더욱 큰 희망이 있는 것이다. 성 속에서 서로를 쳐다보며 아옹다옹하는 삶이 아닌, 함께 목표를 향하며 나누는 삶을 살자.

결과에 집착해서 경쟁하기보다는 과정을 중요하게 생각하

는 초심으로 돌아가자. 나의 성공에 박수받고 싶다면 다른 이들의 성공 역시 진심으로 축하해줄 수 있어야만 한다.

마음 속 저 깊은 곳, 동력을 이끌어내는 리더십

비록 지금은 각박한 생활에 찌들어 각박한 삶을 나누고 살아도 우리는 천성이 여린 사람들이다. 누구에겐가 기대지 않으면 살아갈 수 없는 사람들이 바로 우리다. 그것을 잘 알기에 좁은 가슴, 팍팍한 현실 속에서도 남을 안을 수 있는 사람들이다. 그런 마음을 다시금 일으켜 세우자.

우리 들매화들이야말로 어깨 걸고 더불어 사는 사람들이다. 이제 좁은 땅에서의 경쟁은 끝났다. 드넓은 초원으로 나아가 사람에게 기대어 사는 시대다. 너를 이겨야 내가 사는 시대가 아니라, 너와 함께 해야 내가 사는 시대다.

자부심과 주체성을 키워주고 존중해주는 사회, 다양성과 인간적 가치가 존중받는 문화. 이런 배경을 가진 우리의 관계론적 사고야말로 새로운 시대를 살아가는 힘이 되어줄 것이며, 새로운 리더상을 만들어줄 것이다.

그런 우리를 하나로 묶어주고, 함께 길을 보며 함께 나아가는 삶. 그렇게 우리들 마음 속 저 깊은 곳의 동력을 이끌어내는 리더십이야말로 새로운 리더십이다. 동력을 일깨우는 새로운 리더십의 세상이다.

사람 중심의 사고가 필요한 세상이다.
사람과 사람의 **관계**를
중요한 삶의 원리로 삼아야 한다.
삶을 무시하면서까지
목적을 이루려는 것은 허망하다.
중요한 것은 얼마나 빨리 가느냐가 아니다.
무엇을 위해, 어떤 과정을 통해 가려는가?
우리는 이제 그것을 묻는 시대에 서 있다.
어느 누구도 객체이고 싶어하지 않는다.
각자의 개성이 다양하고, 스타일도 다르다.
올바른 리더십은
그 지점에서부터 시작하는 리더십이다.
부하직원 모두를 리더가 되게 하는
리더야말로 진정한 리더다.
동력을 이끌어내는 리더십이야말로
새로운 리더십이다.

2부

리더,
당신의 소통에 스위치를 켜라!

1장 : 내 욕구에서 비롯된 소통이 진짜 소통이다!

2장 : 나와 너의 욕구를 읽는 인센티브리더십!

3장 : 동기부여의 리더십은 신바람리더십이다!

4장 : 실체가 있어야 소통도 있고, 리더십도 있다!

2부 : 리더, 당신의 소통에 스위치를 켜라!

1장 : 내 욕구에서 비롯된 소통이 진짜 소통이다!

가끔 속 터지는 일이 있다. 분명 업무지시를 했는데, 들은 적이 없다는 부하직원들, 혹은 잘못 전달받아 엉뚱한 사고를 쳐 놓는 부하직원들. 누구의 책임인가? 내 책임이다. 속이 터지기는 하지만 내 책임이다. 알아듣도록 지시했어야 한다. 그게 소통이다.

더 나아가 이 일을 지시받은 부하직원이 스스로 자부심을 갖게 해야 한다. 책임감을 느끼게 해야만 한다. 이 일의 결과를 예측해야 하며, 그 의미를 파악하게 해야 한다. 일이 많아졌다고 입이 나오게 해서는 안 된다. 일에 대한 기대감으로 열정이 샘솟게 해야 한다. 그게 진짜 소통이다.

세상에서 가장 절박한 소통은 무엇일까? 젖 달라고 우는 아기의 울음? 재난을 당해 구조를 기다리는 절규? 아마 상황이 이쯤되면 온몸을 다 쓰면서 소통을 위해 사력을 다할 것이다. 결코 포기하지 않을 것이다. 상대가 알아들을 때까지, 상대가 확실히 인지하고 어떤 행동을 취할 때까지 소통을 위한 몸부림은 계속될 것이다.

소통은 각자의 욕구를 해소하기 위한 것

'소통은 왜 합니까?' 간부공무원 교육에서 던졌던 질문이다. 묵묵부답. 두어 차례 더 대답을 종용한 끝에 과장 한 사람이 답변했다. '갈등을 해소하기 위해서 합니다.' 대답을 한 용기에 박수를 쳐주고 싶었다. 하지만 그 답은 오답이었다.

'그렇습니까? 그렇다면 갈등은 왜 생겼습니까?' 그러자, 목소리는 더 작아진다. '소통이 잘 안 되어서 생겼습니다.' '그럼 소통 하려다가 갈등이 생겼군요? 소통으로 갈등이 해소된 게 아니네요. 애초에 왜 소통하려 했습니까?' 다들 어안이 벙벙한 표정이 된다.

그렇다. 소통은 갈등해소를 위한 것이 아니다. 각자의 욕구를 해소하기 위한 것이다. 당신의 욕구는 무엇이고, 당신이 소통하고자 하는 이들의 욕구는 무엇인가? 당신은 그들과 어떤 교환을 통해 욕구를 해소하려 하는가? 교환할 '무엇'은 준비했는가?

시대가 바뀌었다고 아무리 목이 터져라 외쳐도 아직껏 '까라면 까는 거지.'라고 생각하는 리더들이 있다. 그렇다면 '까지지 않는 현실'을 몸소 느껴보아야만 한다. 지금의 부하직원들은 '까라면 까는' 사람들이 아니다. 호랑이 담배 필 적 얘기라는 것.

설사 '까라는 대로 까는' 부하직원이 있다손 치더라도, 그들의 마음속엔 불만이 한 가득일 수 있다. 이젠 그런 시대가 아니다. 소통을 위해서는 그들과 교환할 가치를 장만해야 한다. 그렇다면 나는? 억울한 감이 있다. 하지만 소통의 최종목표는 '나'다. 그 일로 하여금 가장 수혜를 받을 사람이 나라는 것.

그렇지 않은 일이라면 굳이 왜 하려 드는가? 그 일을 해서 얻는 이익이 나에게 없다는 것인가? 그렇다면 하지 말아야 한다. 나는 무언가를 이루기 위해 협업을 선택했고, 그 협업을 위해 부하직원에게 업무지시를 했다. 결국 그 일은 나에게 도움이 되는 것이다.

조직에 도움이 되는 일일뿐, 나와는 아무 상관이 없다? 그럴 리는 없다. 만약 그렇다면 조직과 싸워야 한다. 나에게는 어떤 이익도 없는 일을 시키는 조직과는 맞서 싸워야 한다. 아니, 떠나야 한다. 돈과 바꾸며 시간을 보내서는 끝이 빤하기 때문이다.

욕구가 없으면 무기력해진다. 욕구는 에너지다

그렇다면 도대체 내가 원하는 것은 무엇일까? 내가 원하는 것, 나의 욕구가 없다면 더 이상 소통도 불필요하다. 나에겐 정말 욕구가 없는 것일까? 왠지 '욕구'라고 하면 부정적 이미지가 있다. 탐욕이나 욕심과 동의어인 것도 같고, 생리적 욕구가 떠올라서일 수도 있다.

그러나 욕구란 그런 것이 아니다. 욕구는 자연스러운 것이며, 이 욕구야말로 사람으로 하여금 움직이게 만드는 동력이자 자원이다. 의욕이 없다는 말을 한다. 욕구가 없어졌다는 것이다. 무기력은 바로 '의욕 없음'에서 나온다. 반대로 말하면 에너지는 바로 '욕구'에 의해 분출되는 것이다.

당신의 욕구는 무엇인가? 당신은 무엇에 강하게 반응하는가? 그것을 알아야만 그에 맞는 일을 할 수 있고, 그에 맞는 소통도 가능해진다. 스스로가 어떤 사람인지, 지향하는 바가 무엇인지를 모른 채 당장의 현실에 불만을 갖는다면 욕구해소는 물 건너간 셈이다.

받는 것만 좋아하고 주는 것을 좋아하지 않는 사람이라면 그는 늘 불만에 둘러싸인 '스크루지'다. 무엇을 주고, 무엇을 받을 것인가? 그것이 명확하면 주는 것이 아깝지 않다. 심신이 모두 지칠 만큼의 노동도 받을 것을 생각하면 행복해질 수 있다.

애초에 받을 것을 생각하지 않는 노동은 오히려 더 사람을 피곤하게 만든다. 주는 것 하나하나가 모두 아깝고, 매사가 다 불만족스럽다. 더 문제는 주는 것은 주는 것 그 이상도 이하도 아니라는 데 있다.

일하면서 얻는 것은 없을까? 우리는 단지 돈을 벌기 위해 시간을 바치고 있는 것인가? 그렇다면 소통은 그다지 중요하지 않다. 어떤 소통도 심드렁할 것이고, 얼른 시간이 가기만 기다리게 될 것이다. 빨리 시간이 가서 일 외의 다른 것에 몰두하며 일로부터 받은 스트레스를 해소하려 할 테니 말이다.

내가 진정 원하는 것이 무엇인가? 그것을 알아내는 것으로부터 필요한 소통이 발견된다. '하고자 하는 일'을 찾고, 보다 명확히 하는 노력이 필요하다. 당신이 하고 싶은 것은 무엇인가? 먼저 '버킷리스트'부터 작성해보자.

계획이 없으면 성취감도 없다

'존 고다드'라는 15세 소년은 일생 동안의 모든 소망을 목록으로 작성했다. 목록을 완성해보니 그의 인생 목표는 모두 127개 항목에 달했다. 그가 처음에 달성한 목표는 비교적 손쉬운 것들이었다. 그는 소년단원이 되었고, 타자로 1분에 50단어를 칠 수 있게 되었으며, 유도도 배웠다.

나머지 목표들은 처음 것보다는 약간 힘들었다. 방울뱀의

독을 빼는 법을 배우고, 백과사전을 끝까지 독파하고, 낙하산을 타는 것 등이 그것이었다. 그 중에는 보통사람으로서는 해낼 수 없는 것들도 있었다. 에베레스트산을 정복하고, 이 세상의 모든 나라를 여행하고, 달나라를 여행하는 등이 포함되어 있었던 것.

이 이야기에서 놀라운 사실은 그가 마흔 다섯 살이 되었을 때, 127개 목표 가운데 무려 103개에 달하는 목표를 달성했다는 것이다. 그는 어렸을 때 어른들로부터 들었던 '젊었을 때 진작 이런 일을 했더라면'이라는 아쉬움을 갖지 않기 위해 늘 자신의 꿈을 목록으로 작성하고, 그 목표들을 달성하기 위하여 노력했다.

대부분의 사람들이 미리 계획을 세우지 않았기 때문에 인생의 행복과 목표를 달성할 때의 스릴과 흥분을 맛보지 못한다는 사실을 그는 깨달았다. 꿈의 목록을 작성한 것이 '존 고다드'에게 행복의 시작이 된 것이다.

이렇게 시작된 것이 바로 '버킷리스트'다. 별다른 형식이 있는 것도 아니다. 그렇다면 버킷리스트를 한 번 작성해보자. 그저 지금부터 죽기 전까지 해보고 싶은 일들, 달성하고 싶은 목표를 적어보는 것이다.

미래에 이루고자 하는 목표리스트	
1	
2	
3	
4	
5	
6	
7	
8	
9	
10	

미래에 하고 싶은 일들을 적었다면 과거에 이루고자 했던 목표리스트를 회상해보자. 이 과정을 통해 보다 현실적인 버킷리스트가 완성될 수 있을 것이다. 나이가 많은 이도, 적은 이도 문제될 것이 없다. 그것이 진정 나의 목표라면 말이다.

과거에 이루고자 했던 목표리스트	
1	
2	
3	
4	

5	
6	
7	
8	
9	
10	

구체적 목표와 실천으로 만나는 '기쁨과 행복'

버킷리스트를 다 작성했다면 이를 바탕으로 '과거와 미래의 희로애락'을 점검해 볼 차례다. 당신의 과거는 어떠했는가? 돌아가고 싶은 순간도 있을 것이고, 지우고 싶은 기억도 있을 것이다. 하지만 솔직하고도 냉정하게 작성된 과거의 희로애락만이 당신의 미래를 예측하게 해주는 기준이 됨을 명심하자.

작성방법은 간단하다. 지나온 과거의 기쁜 일과 슬픈 일을 기억해보자. 그리고 당시 기쁨과 슬픔의 정도를 보다 객관화하여 0부터 10 사이의 숫자로 표현하면 된다. 해당되는 나이의 기쁜 일과 슬픈 일이 표시되었으면, 기뻤던 점수에서 슬펐던 점수를 빼서 기입하면 된다.

과거	당시 나이	기쁜 일	감정 지수(A) (0~10)	슬픈 일	감정 지수(B) (0~10)	합계 (A-B)
1 년 전						
( ) 년 전						
( ) 년 전						
10 년 전						
( ) 년 전						
( ) 년 전						
20 년 전						
( ) 년 전						
( ) 년 전						
30 년 전						

다 작성되었다면 다음은 예측되는 미래, 버킷리스트의 미래를 합쳐 다가올 미래의 희로애락을 같은 요령으로 기입한다.

미래	당시 나이	기쁠 일	감정 지수(A) (0~10)	슬플 일	감정 지수(B) (0~10)	합계 (A-B)
1 년 후						
( ) 년 후						
( ) 년 후						
10 년 후						
( ) 년 후						
( ) 년 후						
20 년 후						
( ) 년 후						
( ) 년 후						
30 년 후						

작성이 끝났으면 위 두 장의 희로애락 표를 활용해서 인생 그래프를 그려보자. 아래 그래프에 두 표의 값을 점으로 표시

한 뒤, 점과 점을 선으로 이어주면 된다. 이렇게 해보면 당신의 인생이 어떤 곡선으로 진행되고 있는지를 한 눈에 알게 될 것이다.

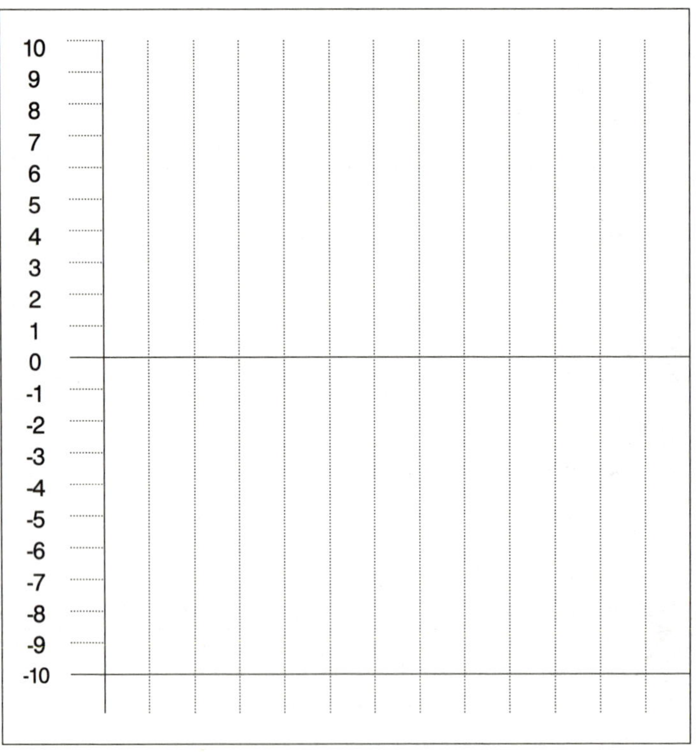

다음은 성공 워크시트를 만들어보자. 자신의 10년 후를 설

계해보는 것이다.

1. **10**년 후 어떤 사람이 되길 바라는지 적으시오.

2. 어떻게 하면 그런 사람이 될 것 같은지 적으시오.

3. 그러기 위해 당신은 무엇을 갖고 있어야 할지 적으시오.

목표달성을 위한 워크시트를 작성했다면 이젠 세부실천 계획을 작성할 차례다. 아래에 있는 표는 세부 실천 계획서다. 'Do list'란에는 목표 달성을 위해 당신이 해야 할 것들을, '세부 실천 계획'란에는 목표를 달성하기 위한 세부적 방안들을, '기간'란에는 언제부터 언제까지 실행할 것인지 적으면 된다.

Do list	세부 실천 계획	기간
	1. ______ 2. ______ 3. ______ 4. ______	~
	1. ______ 2. ______ 3. ______ 4. ______	~
	1. ______ 2. ______ 3. ______ 4. ______	~

마지막으로는 목표달성을 위한 '역할 정하기'다. 목표 달성

에 있어 평가자는 중요한 요소 중 하나다. 나의 미래에 대해 누구로부터 어떤 평가를 받고 싶은지를 정하는 것. 현재, 혹은 미래에 당신에게 소중한 사람 세 명을 떠올린다. 그리고 이들의 이름과 관계, 그 사람에게 받고 싶은 평가와 그 이유를 적는다.

평가자	받고 싶은 평가	이유
	1. ____ 2. ____ 3. ____ 4. ____	
	1. ____ 2. ____ 3. ____ 4. ____	
	1. ____ 2. ____ 3. ____ 4. ____	

여기까지 모두 작성했다면 변화해 있을 자신에 대한 밑그림

이 완성된 것이다. 그리고 지금 우리가 하고 있는 일은 바로 이러한 미래의 계획을 가능하게 해주는 도구다. 당신뿐만 아니라, 사람들은 모두 이렇게 자신이 갖고 싶은 미래가 있다. 그리고 우리는 그것을 위해 지금 협업하고 있는 것이다.

욕구충돌이 갈등을 만든다. 욕구를 조정하라

당신에게 욕구가 있다면 부하직원들이나 다른 멤버들에게도 욕구가 있을 것이다. 같은 욕구를 가지고 있기도 하고, 각기 다른 욕구를 가지고 있기도 할 것이다. 그런 욕구들이 잘 만나면 서로는 아주 좋은 파트너가 될 것이며, 그렇게 만들어진 팀은 팀워크가 좋을 것이다.

하지만 욕구의 충돌은 갈등을 초래한다. 갈등의 정의는 '둘, 또는 그 이상의 사람들 사이에서 목적, 지각, 또는 가치의 충돌로 인해 유발된 강한 의견 불일치'다. 한 마디로 얘기하면 '의견이 맞지 않는다.'는 것이다. 나는 이렇게 하고 싶은데 저 사람은 저렇게 하고 싶다. 과연 그것이 그 사안의 문제일까?

문제는 목적이다. 목적이 같으면 방법은 크게 문제되지 않는다. '마음'이 맞아 한 방향으로 가는 친구들 사이에선 방법이란 함께 찾아야 할 대상이지, 더 이상 다투어야 할 대상이 아니다. 갈등의 첫째 원인은 '서로 다른 목적', 혹은 '목적 없음'이다.

현대생활 속에 존재하는 조직들 중 서로 각자의 목적을 물어보는 조직이 있는가? 다른 말로 하자면 각자의 욕구를 이해하고, 그 욕구의 달성에 적극적으로 기여하려 했는가? 갈 길이 너무 바쁜 우리는 남의 목적과 욕구는 고사하고, 자신의 목적과 욕구에조차 무신경하게 지내고 있다.

'꿈'의 교환, 함께 추구하는 '꿈 이야기'는 그래서 더 소중하다. 이젠 '꿈을 말하는 리더'가 되자. 내 꿈을 부끄럽지 않게 말하고, 남의 꿈을 묻고, 꿈을 이루기 위해 함께 노력해야 할 방향을 정하고, 나와 네가 함께 어깨를 거는 것이야말로 소통을 여는 리더십의 첫걸음이다.

소통은 갈등해소를 위한 것이 아니다.
각자의 욕구를 해소하기 위한 것이다.
당신의 욕구와 그들의 욕구는 무엇인가?
당신은 어떤 교환으로 욕구를 해소하려는가?

교환할 '무엇'은

준비했는가?
'꿈'에 대한 교환, 함께 추구하는

'꿈 이야기'는

그래서 더 소중하다.
이젠 '꿈을 말하는 리더'가 되자,
내 꿈을 부끄럽지 않게 말하고,
남의 꿈을 묻고,
꿈을 이루기 위해 함께 노력해야 할
방향을 정하고,
나와 네가 함께 어깨를 거는 것이야말로
소통을 여는 리더십의 첫걸음이다.

2부 : 리더, 당신의 소통에 스위치를 켜라!

2장 : 나와 너의 욕구를 읽는 인센티브리더십!

우리는 입버릇처럼 '공동으로 추구해야 할 목적'을 말하곤 한다. 하지만 그것은 대개가 화석화한 것들이다. 자신의 마음으로부터 시작된 것이 아니라, 누군가에 의해 강요된 목적이 대부분이기 때문이다.

그렇게 만들어진 목적이 과연 우리 모두를 움직이는 '에너지'로 작용할 수 있을까? 그렇게 만들어진 목적이라면 그것은 그저 벽에 걸어두고 누구도 보지 않은 채 먼지가 쌓여갈 액자에 불과하다. 그러니 화석화했다는 것이다.

함께 추구해야 할 목적에 대해 입을 떼야 한다. 그것은 강요로 만들어지는 것이 아니라, 마음을 나눠 만들어내야 하는 '무엇'이다. 그래야만 공감할 수 있다. 그리고 모든 업무는 그 목적을 위해 방향을 잡아야만 한다.

조직 목적을 위해 개인의 욕구를 제한하진 말자

욕구는 결코 부정적인 것이 아니다. 욕구는 자연스러운 이치다. 그리고 세상의 모든 욕구는 교환을 통해 해소된다. 동물은 모두 욕구를 가지고 살아간다. 기본적인 욕구가 있다는 것. 이른바 생명을 유지하고 종족을 번식시키기 위해 동물들은 태어나면서부터 욕구를 가지고, 그 욕구에 의해 살아간다.

먹고, 자고, 종족을 번식하는, 즉 식욕·수면욕·성욕은 인간은 물론 동물들 모두가 지닌 생리적 욕구다. 이것들을 충족시켜야만 아주 기본적인 인간의 삶이 유지된다. 그런데 인간은 이런 기본적인 욕구 외에도 훨씬 많은 욕구를 해소하고자 하는 복잡하고도 미묘한 심리구조를 가지고 있다.

이른바 먹고 사는 것 외에 안정감, 자존감, 주위의 애정, 미에 대한 탐구, 자아실현 등이 그것이다. 이런 것들이 조화롭게 갖춰져야만 욕구에 대한 고민이 사라지게 된다. 조직의 목표를 위해 인간의 욕구를 희생하는 것이 올바른가에 대한 물음은 아직도 많은 조직에서 논란이 되고 있다.

결국 조직은 각 개인의 욕구를 충족시켜주어야 한다는 기본적 전제하에서 만들어진 집단이다. 물론 조직의 목표 또한 달성되어야 한다. 이 양자의 조화와 균형 속에서 조직은 만들어지고 운영된다.

몇몇 조건을 전제로 일시적 욕구의 제한은 있을 수 있다. 그러나 그것이 조직 전체의 큰 흐름이나 방향이라면, 그 조직은 생존을 위협받게 될 것이다. 조직원의 욕구가 무엇인지를 방기하는 조직이라면 결코 좋은 조직일 수 없다.

리더는 각 조직원들의 욕구를 이해하고, 그 욕구가 달성될 수 있도록 도와야 한다. 그렇다고 해서 그것이 조직의 목표를 방해하는 것은 아니다. 오히려 조직의 목표를 보다 효율적으로 달성하게 하는 힘이다.

마케팅적 시각에서는 욕구를 '니즈'와 '원츠'로 구분하여 해석한다. 배가 고픈 상황에서 '무엇인가를 먹고 싶다.'는 것은 니즈(needs)다. 그런데 보다 구체적으로 '햄버거를 먹고 싶다, 된장찌개와 밥을 먹고 싶다.'는 원츠(wants)다.

니즈는 앞에서 예로 든 것처럼 일차적 욕구를 뜻하며, 원츠는 개인생활에 기초해 특성화된 욕구를 의미한다. 이처럼 사람들의 욕구는 매우 섬세하고 복잡하다. 당신의 욕구에는 어떤 것들이 있는가?

교환이 일어나는 토대는 가치, 가치는 이점/비용

우리는 매 순간 이러한 욕구들을 어떤 방식으로든 해소하면서 살아가게 된다. 해소의 방편은 교환이다. 맞바꾸는 것이다. 내가 갖고 싶은 것, 하고 싶은 것을 위해 기꺼이 무언가를 지불하는 것이다.

지불을 위해 매번 '돈'을 사용해야 하는 것은 아니다. 그리고 교환의 기준 역시 꼭 '돈'이어야 하는 것은 아니다. 정감 있는 말 한 마디, 노동, 자존심 등 얻고 싶은 것도 많고, 잃고 싶지 않은 것도 많다.

돈 말고도 교환의 대상은 무한정하다. 다만 우리가 천민자본주의 속에서 살아온 탓에 교환의 일반적 의미를 '돈'으로만 귀착시키는데 문제가 있는 것이다. 직장에서의 노예적 사고도 그것이다. '돈을 받았으니 일한다. 돈을 줬으니 일을 해야 할 것 아니냐?'하는 사고가 그것이다.

사람은 빵만으로는 살 수 없다. 세상에는 매우 가치 있는 것이 많다. 그러니 일방적으로 '돈' 중심의 사고를 하는 것으로는 욕구를 모두 충족시킬 수 없다. 돈으로 해결할 수 없는 욕구도 얼마든지 많기 때문이다.

마케팅에서는 교환이 일어나는 토대를 통칭해서 '가치'라고 부른다. 본인에게 가치가 있다고 판단된다면 교환이 일어나고, 가치가 없다고 판단된다면 교환이 이루어지지 않는다는 것.

그렇다면 가치가 있는지 없는지는 무엇으로 결정되는가? 투입하는 비용에 비해 산출되는 이점이 많으면 그것은 가치 있는 것이다. 하지만 반대라면 가치가 없다고 판단하게 될 것이고, 따라서 교환은 성사되지 않는다.

그러므로 교환을 하는 양자 모두가 그 교환을 가치 있는 것으로 판단해야만 교환이 성사된다. 다음은 교환을 이루는 가치공식이다.

$$가치 = \frac{기능적\ 이점 + 감정적\ 이점}{금전적\ 비용 + 시간적\ 비용 + 심리적\ 비용 + 에너지적\ 비용}$$

이 공식에서 가치가 1보다 크면 교환이 이루어지고, 1보다 작으면 교환이 이루어지지 않는다. 그리고 시대가 변하면서 점점 더 금전적 비용보다는 뒤의 비용들이, 기능적 이점보다는 감정적 이점들이 더 중요하게 받아들여지고 있다.

욕구 해소를 위해 벌이는 수많은 교환

그렇다면 상품의 교환에서만 이러한 현상이 일어나는가? 생활 곳곳에서 우리는 욕구를 해소하기 위해 수많은 교환을 행하고 있다. 여기저기 '쑤시는 삭신'을 위로받기 위해 가족으로부터 안마를 받는 것도 욕구의 교환이다.

안마를 해준 상대에게 당신은 무엇을 해주었는가? 꼭 무언가를 해주지 않았음에도 불구하고 상대가 안마를 해주었다면 상대는 스스로 자신의 욕구를 해소했을 수 있다. 그리고 그것은 소속감과 애정욕구일 것이다.

심리학자 매슬로우(Abraham Maslow)는 이런 욕구들을 5단계로 분류했다. 생리적 욕구(Physiological Needs), 안전의 욕구(Safety Needs), 소속감과 애정의 욕구(Belonging and Love Needs), 존경의 욕구(Esteem Needs), 자아실현 욕구(Self-Actualization Needs)가 그것이다.

1단계, 생리적 욕구란 인간의 동물적 특성에 기인한 욕구다. 빵만으로 사는 것은 아니지만 3일 굶은 사람에게는 빵 한 조각이 전부다. 배고픈 문제가 해결되지 않는 한 다른 욕구는 생각나지 않는다.

2단계, 안전의 욕구란 생리적 욕구가 어느 정도 충족된 후 나타나는 욕구다. 이 욕구는 신체적인 것은 물론 감정적 위험이나 위협으로부터 보호되기를 바라는 욕구다.

3단계, 소속감과 애정의 욕구는 어딘가에 소속되기를 원하며 친교를 나누고 싶어 하는 욕구다. 친구 사귀기, 단체 가입하기, 이성 간의 교제나 결혼을 갈구하는 것도 이 욕구에서 비롯되는 것이다.

4단계, 존경의 욕구는 어딘가에 귀속되려는 욕구가 만족되었을 때, 단순한 구성원 이상의 것을 원하게 되면서 나타나는 욕구다. 이는 내적으로는 자존을 성취하려는 욕구이며, 외적으로는 타인으로부터 인정받으며 지위를 확보하려는 욕구이기도 하다.

5단계, 자아실현의 욕구는 자신이 이룰 수 있는 것, 혹은 될 수 있는 것을 성취하려는 욕구다. 계속적인 자기 발전을 통하여 성장하고, 자신의 잠재력을 극대화하여 자아를 완성시키려는 욕구다.

현대는 수직적이 아닌 수평적 배열의 욕구 시대

자동차를 갖고 싶어 하는 사람의 입장에서 보면 '힘들어 죽겠는데 똥차라도 한 대 있었으면 좋겠다'는 1단계, '이젠 좀 더 튼튼한 경차라도 한 대 있었으면'하는 2단계, '내가 사회적 위치도 있는데, 중형차 정도는 타야 하지 않을까'가 3단계, '남들의 부러운 시선을 받으려면 명차를 타야겠지?'가 4단계, '이젠 다른 것보다 내가 디자인 한 차를 타보는 게 꿈이야'에 이르면 5단계라는 것.

매슬로우는 이러한 욕구 5단계 이론을 이른바 '동기부여론'으로 명명하기도 했다. 이 5단계는 욕구일 뿐만 아니라, 사람들로 하여금 동기를 부여하게 할 수 있게 하는 힌트이기도 하다고 판단했던 것이다.

매슬로우는 '인간은 기본적인 욕구가 채워지면 상위 욕구를 채우려 한다. 따라서 상위욕구는 하위욕구가 충족될 때 동기요인으로서 작용한다.'고 지적했다. 하지만 현대사회는 이런 매슬로우의 이론과 좀 다르게 진행되고 있다.

꼭 하위욕구가 해결되어야만 상위욕구를 충족시키고 싶어하는 것이 아니라는 것. 절대적 빈곤에서 벗어난 인류는 다섯단계를 넘나들며 욕구를 갖게 되었고, 이런 욕구의 경향성은 개인의 성향과 매우 밀접한 관계를 가진다.

사람마다 추구하는 욕구가 다를 수 있다는 것. 그런 배경 아래에서 수직적 구조가 아닌 수평적 배열의 욕구분석이 제시되었다. 로버트 세틀(Robert Settle)과 파멜라 알렉(Pamela Aleck)은 '상품 구매의 이유, 미국 소비자의 겉과 속'이라는 저서에서 인간의 욕구리스트를 제시했다.

'성취감, 독립심, 전시, 인정, 지배욕, 제휴, 보호, 의존성,

성욕, 자극, 기분 전환, 새로운 경험, 이해, 일관성, 안전'의 열다섯 가지로 구성된 이 리스트는 인간의 욕구와 그에 따른 제품 간의 연결고리를 제시하고 있다.

'성취감'은 어려운 일을 수행하고 기술을 단련하고자 하는 욕구다. 전문 도구, 스포츠 장비, 대학 과정, 발레, 기술을 요하는 서비스 등이 이 욕구와 관련 있다.

인간은 욕구해소를 위해 상품을 구매한다

'독립심'은 자율적이고도 독립적이며, 남들과 달라야 한다는 욕구다. 패션용품이나 자동차 등의 제품이 자주 이 욕구에 호소한다. 헤어케어 제품들은 '당신을 당신답게 가꾸세요.'라고 광고하는데, 신용카드와 술, 담배 등도 이런 접근을 시도할 수 있다.

'전시'는 대중의 관심을 끌고, 주목받고자 하는 욕구다. 옷과 패션 액세서리들이 여기에 속한다. 차나 집과 같이 규모가 큰 것에서부터 머리스타일과 같이 작은 규모에 이르기까지 자신을 과시할 수 있는 제품들이 모두 포함된다.

'인정'은 다른 사람들로부터 긍정적 평가를 받고 모범적 대우를 받고자 하는 욕구다. 교육수준이나 사회조직에의 참여를 상징하는 배지 등이 이에 해당한다.

'지배욕'은 다른 사람을 지배, 지휘, 감독할 수 있는 힘을 갖고자 하는 욕구다. 대형차나 집, 살충제, 세제 등 힘을 나타내는 제품들이 포함된다.

'제휴'는 다른 사람들과 친밀한 관계를 갖고자 하는 욕구다. 군에 입대하거나 욕구를 만족시키기 위해 어떤 조직에 합류하는 것 등이 그 예다. 주로 개인용품, 구취제거제, 민트향 치약, 칫솔 등 다른 사람들과 가까이 있을 때 필요한 제품과 관련된다.

'보호'는 사람이나 사물을 돌보고 보호하고자 하는 욕구다. 어린이를 돌보고, 애완동물을 기르고, 정원을 가꾸고, 요리, 청소, 세탁 등 자율 또는 자선을 요하는 일과 관계된다.

'의존성'은 다른 사람들로부터 도움을 받고 편안해지고자 하는 욕구다. 보살피는 기능을 가진 것, 개인서비스 등이 포함된다. 특히 신체관리, 자동차관리, 미용실, 사우나, 상담서비스 등 욕망을 만족시키는 제품이나 서비스를 포함한다.

'성욕'은 성적 능력을 발달시키고, 성적으로 매력적이며, 성적인 만족을 느끼고 싶어하는 욕구다. 성 관련 모든 제품, 향수, 패션, 성 기구 및 오락물 등이 포함된다.

'자극'은 감성을 자극시키고, 왕성한 활동을 추구하며, 몸과 마음을 단련하고 미각을 자극시키고, 원기왕성해지고자 하는 욕구다. 스포츠용품, 헬스클럽, 레스토랑, 거품목욕용품, 섬유를 부드럽게 만드는 세제 등이 포함된다.

상황에 따라 같은 행위도 다른 욕구 충족을

'기분전환'은 피로를 풀고, 재미를 느끼고, 즐거워지고자 하는 욕구다. 휴가, 유원지, 운동 등이 여기에 포함된다. '새로운 경험'은 일상적인 것에서 탈피하여 변화와 다양성을 경험하고, 새로운 기술을 배우고 경험하고자 하는 욕구다. 여행, 교육, 영화, 책 등이 포함된다.

'이해'는 배우고 이해하며, 지적 수준을 높이고자 하는 욕구다. 자기계발 과정, 교육, 영화, 책 등이 포함된다. '일관성'은 불확실한 것을 조절하고 모호함을 피하기 위한 욕구다. 세탁기, 수선서비스, 수리용품 등이 포함된다. '안전'은 두려움으로부터 벗어나 재산을 보호하고, 사고를 피하고자 하는 욕구다. 보험, 도난경보기, 투자상품, 안전용품 등이 포함된다.

이 리스트를 검토해보면 욕구와 그에 따른 제품 간의 연결고리를 쉽게 발견할 수 있다. 화재경보기를 사는 이유는 안전을 위해서다. 대학을 가는 이유는 이해하고 배우기 위해서다. 하지만 인간은 그렇게 단순하지가 않다.

예를 들어 화재경보기가 나온 지 얼마 안 된 시점에서 화재경보기를 구입한 사람은 '독립심'을 만족시킨 것이다. 그러나 친구들 모두가 화재경보기를 가지고 있다면 '제휴'가 되는 것이다. 그리고 이를 아이들 방에 설치했다면 '보호', 여러 개를 사서 여기저기에 둔다면 '일관성'의 욕구를 만족시킨 것이라 하겠다.

이처럼 상황에 따라 같은 행위도 다른 욕구의 충족을 위한 것이 된다. 뿐만 아니라 상품 역시 시대의 변화에 따라서 다른 의미를 부여받곤 한다. 휴대폰은 어떤 욕구를 만족시키는 제품일까? 또 앞으로는 어떤 욕구를 만족시키는 제품으로 거듭날 것인가? 이것 또한 창의의 방향과 밀접한 관계가 있는 질문이다.

자신의 욕구를 측정하는 R&P모델 프로그램

매슬로우의 5단계 욕구 중 어떤 욕구의 비중이 높은지를 확인하기 위해 이를 단순히 질문하면 사람들은 매우 의도된 대답을 하기가 쉽다. 따라서 매슬로우의 5단계 욕구와 로버트 세틀(Robert Settle)과 파멜라 알렉(Pamela Aleck)의 욕구 리스트(이후에는 R&P모델이라 부름) 사이의 관계를 활용해서, 지향하는 욕구의 상황을 분석하는 프로그램을 만들어봤다. 함께 풀어보며 자신의 욕구를 해석해보자.

이 용지를 작성해봄으로써 우리는 스스로의 욕구들 중 어떤 것이 강한지를 읽게 될 것이며, 현재와 미래의 욕구 변화는 물론, 일을 통해 해소하려고 하는 욕구가 어떤 것인지를 알아내게 될 것이다. 또 이 프로그램을 팀원들과 함께 해본다면 팀원들을 보다 잘 이해하는 계기를 만들 수도 있을 것이다. 뿐만 아니라, 하고 있는 일에 대해 보다 객관화된 목표를 발견할 수도 있을 것이다.

이처럼 여러 가지 프로그램을 통해 자신을 객관화하고, 사물과 사건을 객관화하는 것은 매우 중요하다. 특히 추상적 개념이라 할 수 있는 욕구를 보다 객관화함으로써 동기부여의 힌트를 얻을 수 있게 된다.

먼저 아래의 용지에 몇 가지 사항에 대해 자신의 생각을 체크한다. '1번' 칸에는 30년쯤 뒤를 목표로 자신이 해소하고 싶은 욕구 7가지를 골라 체크한다. '2번' 칸에는 자신이 지금 당장 해소하고 싶은 욕구 7가지를 골라 체크한다. '3번' 칸에는 자신이 직업을 통해 해소하고 싶은 욕구 7가지를 골라 체크한다.

'4번' 칸에는 현재 소비자들의 인식 속에서 휴대폰을 통해 해소하고 있는 욕구 7가지를 골라 체크한다. '5번' 칸에는 휴대폰을 통해 현재는 아니지만 앞으로 해소 가능성이 있다고 생각되는 욕구 7가지를 골라 체크한다.

'6번' 칸에는 자신이 소속된 부서의 행정서비스를 통해 행정 수요자의 인식 속에서 해소하고자 하는 욕구 7가지를 체크한다. '7번' 칸에는 '6번'에서의 행정서비스를 통해 현재는 아니지만 해소 가능성이 있는 욕구 7가지를 골라 체크한다.

구분		내용 / 관련 상품	1	2	3	4	5	6	7
1	성취감	어려운 일을 수행하고 기술을 단련하여 보람을 찾으려는 욕구							
2	독립심	자율적이고 독립적이며 남들과 달라야 한다는 욕구							
3	전시	대중의 관심을 끌고, 주목받고자 하는 욕구							
4	인정	타인들에게 긍정적 평가와 모범적 대우를 받고자 하는 욕구							
5	지배욕	타인들을 지배, 지휘, 감독할 수 있는 힘을 갖고자 하는 욕구							
6	제휴	타인들과 친밀한 관계를 갖고자 하는 욕구							
7	보호	사람이나 사물을 돌보고 보호하고자 하는 욕구							
8	의존성	도움을 받고 보살핌을 받아 편안해지고자 하는 욕구							
9	성욕	성적 매력을 키우고, 성적 만족을 느끼고자 하는 욕구							
10	자극	오감 자극을 통해 원기왕성해지고자 하는 욕구							
11	기분전환	피로를 풀고, 재미를 느끼고, 즐거워지고자 하는 욕구							
12	새로운 경험	새로운 경험, 기술 등 변화와 다양성을 경험하고자 하는 욕구							
13	이해	배우고 이해하며, 지적 수준을 높이고자 하는 욕구							
14	일관성	불확실한 것을 조절하고 모호함을 피하고자 하는 욕구							
15	안전	두려움을 벗어나고, 재산을 보호하고, 사고를 피하고자 하는 욕구							

용지 작성이 다 끝났다면 다음은 작성한 용지를 분석할 차례다. 먼저 열다섯 가지 욕구 중 해당 문항의 체크표시 개수를 합하여, 각 '점수'칸에 기입한다. 그리고 단계 내의 점수를 합산하고, 이것을 각 배점에 의해 평균으로 계산하여 적는다. 앞서의 '1번' 칸에 적었던 30년 뒤의 해소욕구는 파란색으로, '2번' 칸의 현재 해소욕구는 빨간색으로, '3번' 칸의 직업을 통한 해소욕구는 검은색으로 적는다.

매슬로우		R&P	1 (파란색)				2 (빨간색)				3 (검은색)			
			점수	합산	배점	평점	점수	합산	배점	평점	점수	합산	배점	평점
1	생리	의존성			/4				/4				/4	
		성욕												
		자극												
		기분전환												
2	안전	일관성			/2				/2				/2	
		안전												
3	소속 애정	전시			/2				/2				/2	
		제휴												
4	존경	인정			/3				/3				/3	
		지배욕												
		보호												
5	자아 실현	성취감			/4				/4				/4	
		독립심												
		새로운 경험												
		이해												

위에서 작성한 욕구모델 분석표를 한 눈에 보기 쉽도록 그래프로 작성해보자. 앞에서 나온 평점을 다시 다음 용지의 그래프 위에 점으로 표시한다. 가로축은 각 욕구의 단계를 나타내고, 세로축은 각 욕구 단계의 평점을 나타낸다. 찍힌 점들을 각 색깔별로 연결시켜 보자.

파란색 선은 30년쯤 뒤를 목표로 해소하고 싶은 욕구, 빨간색 선은 지금 당장 해소하고 싶은 욕구, 검은색 선은 직업을 통해 해소하고 싶은 욕구다. 단계별 욕구 정도는 앞서 설명한 대로, 1단계-생리적 욕구, 2단계-안전의 욕구, 3단계-소속감과 애정의 욕구, 4단계-존경의 욕구, 5단계-자아실현

의 욕구다.

평점이 높은 욕구일수록 자신이 중요하게 생각하는 욕구다. 30년쯤 뒤를 목표로 해소하고 싶은 욕구에서 하위단계가 높게 나타난다는 것은 현재의 상태가 불안함을 의미하고, 상위단계가 많이 나온다는 것은 미래를 매우 비전적으로 보는 경향을 뜻한다.

당장 해소하고 싶은 욕구에서는 젊은 사람들, 특히 학생들은 '3단계-소속감과 애정의 욕구'와 '5단계-자아실현의 욕구'가 높게 나오는 경향을 보인다. 문제는 어떤 결과가 나왔는가가 아니다. 이러한 프로그램을 통해 스스로의 욕구 경향성을 잘 이해하고, 이를 자신의 의지대로 보정해가는 노력이 중요한 것이다.

1,2,3번 뿐만이 아니라 4,5번, 6,7번의 결과도 매우 유의미하다. 업무에 반영이 가능한 아이디어도 함께 도출될 수 있을 것이다. 이런 프로그램을 통해 팀원 모두의 욕구에 대해 이해하고, 이를 반영할 수 있는 기회가 만들어지기를 기대한다.

우리는 욕구에 대해 이해했고, 이것은 동기유발의 힌트가 될 수 있다는 사실을 알게 되었다. 우리는 이러한 욕구들을 해소하기 위해 소통할 것이다. 내가 얻고자 하는 것을 보다 분명히 하고, 그것을 얻기 위해 교환할 수 있는 나의 '무엇'을 생각하자.

내가 주려고 하는 '그것'이 상대가 원하는 것이라면 갈등이 발생하지 않을 것이며, 소통 또한 원활하게 진행될 것이다. 그리고 교환이 조직에, 그리고 조직원 모두에게 긍정적인 것이라면 그 소통은 성공한 소통이다.

'알지? 잘하자.'로는 아무 것도 해결할 수 없다

하지만 우리는 감정적 동물이다. 따라서 매사를 이처럼 합리적이고도 이성적으로 판단하기 어렵다. 하물며 이런 원리를 이해하려 들지도 않은 채 내가 얻고 싶은 것만 고집한다면 어떻게 될까? 여기에 더해 지금까지 이루어져 왔던 선례나 고정관념에 기대어 상대를 평가한다면 어떻게 될까?

갈등은 더욱 심화될 것이고, 소통은 차단될 것이다. 소통은 구체적 내용과 욕구를 담아 보내는 것이다. 그저 '알지? 잘하자.'식으로는 해결할 수 있는 것이 아무 것도 없다. 오히려 서로에 대한 감정의 골만 더 깊게 만들 수 있다.

무조건적 소통주의자가 되어서는 일을 풀어갈 수 없다. 메시지가 아니라 인센티브에 주목하자. 소통은 도구다. 중요한 것은 서로를 이해하고, 서로의 이익과 기대를 충족하는 것이며, 이를 통해 공통의 목표를 달성해가는 것이다.

좋은 리더란 인센티브를 주는 리더다. 과연 무엇으로 팀원들에게 인센티브를 줄 수 있을까? 그것을 위해 살피고 기획하고 실현하는 것이 좋은 리더다. 인센티브에 주목하라. 그리고 이 인센티브를 중심으로 팀과 소통하라.

함께 추구해야 할 목적에 대해
입을 떼야 한다.
그것은 마음을 나눠 만드는 '무엇'이다.
그래야만 공감할 수 있다.

욕구를 이해해야 하고,

그것이 곧 '동기'임을 인식해야 한다.
당신은
어떤 욕구를 해소하기 위해 소통하려 하는가?
상대는 어떤 욕구를 가지고 있는가?
내가 얻고자 하는 것을 보다 분명히 하고,

그것을 얻기 위해 교환할 수 있는

내 '무엇', 상대의 '무엇'을 생각하자.
그것이 인센티브다.
인센티브가 있다면 더 이상의 갈등은 없다!
그것이 바로 소통이다.

3장 : 동기부여의 리더십은 신바람리더십이다!

일을 이끄는 사람이 가장 먼저 생각해야 할 것은 동력이다. 다시 말해서 어떻게 일에 동기부여를 할 것인가를 가장 먼저 생각해야 한다는 것. 특히 우리나라는 신바람의 나라다. 신바람이 불기만 하면 안 되는 일이 없다. 기적을 만드는 민족이다.

신바람을 만들어낼 수만 있다면 일은 끝난 것이나 다름없다. 신바람은 동력이고, 신바람을 만드는 것은 동기를 부여하는 것이다. 신바람은 마음에서 비롯된다. 머리보다는 가슴의 문제다. 우리 민족의 가슴은 어떠한가?

같은 문화를 향유하며 살아가는 같은 국가, 혹은 민족 간에는 동일하게 나타나는 특징이 있다. 이는 역사의 영향을 받으며, 문화로부터 결정적 영향을 받아 나타난 결과다. 우리들 스스로가 어떤 특성을 가지고 있는가를 파악하는 일은 그래서 더 중요하다.

'빨리빨리'를 외치며 뛴 압축성장의 종결자

문화를 이해하면 사람들을 알고, 사람들의 문화적 특성은 다시 일에 반영된다. 씨름 기술 중에 '뒤집기'라는 것이 있다. 이만기 선수의 주특기였던 뒤집기는 상대방의 힘을 이용하는 것이다. 상대방이 밀고 들어오면 그 힘을 이용해서 뒤로 넘기는 것.

오직 내 힘만으로 무엇을 해결하려 하면 그것은 쉽지 않다. 남을 알고, 남의 힘을 함께 사용할 때 비로소 문제해결이 쉬워지는 것이다. 그러기 위해서는 스스로도 잘 모르는 내재된 문화를 이해해야만 한다. 우리나라는 어떤 문화를 가지고 있으며, 그 문화 속에서 어떻게 살아가고 있을까?

우리나라 사람들은 속도에 있어 매우 탁월하다. 한국에 살고 있는 외국인들이 가장 많이 듣게 되는 말 또한 '빨리빨리'라고 한다. 사람들은 한강의 기적을 말한다. 우리나라 사람들은 '빨리빨리'를 외쳐댔고, 너나 할 것 없이 '빨리빨리' 움직여 왔다.

이런 속도 덕택일까? 우리나라는 인터넷 강국이 되었다. 국토 방방곡곡에 광통신망이 깔렸고, 인터넷 속도 역시 '빨리빨리'에 숨이 넘어간다. 그 때문에 집에 앉아서도 동영상을 척척 내려 받고, 온라인게임도 불편 없이 즐기는 나라가 되었다.

인터넷에 관한 한 우리나라는 세계로부터 주목받는 나라가 된 것임에 분명하다. 그런데 모바일에서 문제가 발생했다. 빨리빨리 잘 나가던 IT산업 전반에 제동이 걸렸다. 왜 잘 나가다가 지금은 장벽을 만났는가?

우리는 참으로 파란만장한 역사를 가졌다. 식민 지배에 의한 근대화 진행에 따라 우리의 정신은 서양의 존재론적 사고와 정신에 물들어버렸다. 원래 가지고 있던 관계론적 사고와 정신으로부터 멀어지게 되었다는 것.

급속도로 그들의 사고를 배우고 익힌(?) 우리는 한강의 기적을 이뤄냈다. 그리고 이후에도 지속적인 문명의 발전을 이룩해오고 있다. 그렇다면 서양의 존재론적 사고가 더 우월하다는 것인가?

조선시대, 그들의 정통성을 확보하기 위해 유교를 국교로 정한 이씨 정권. 그들은 우리에게 정주적 사고를 강요했다. 유교문화의 지배를 거친 우리는 다시금 일제에 의해 새로운 세계를 강요당한다.

스스로의 장점을 애써 지우며 살아온 우리

식민 지배는 우리에게 또 다른 한(恨)을 남겼다. 그들이 남겨놓은 민족적 열등감이 아직까지도 우리들로 하여금 움츠리고 뛰지 못하게 하는 앙금으로 남아 있다. 해방의 기쁨을 만끽하기도 전에 우리는 한국전쟁의 소용돌이에 빠져들었다.

그리고 우리는 전쟁의 폐허 속에서 다시 이승만 정권의 독재와 군사쿠데타, 군사독재를 경험했다. 산업화라는 이름으로 근대화를 '빨리빨리' 일궈냈지만 그 사이에 겪어야 했던 격동은 우리에게 두터운 피해의식을 아로새겨 놓았다.

이런 파란만장을 겪어나가는 사이 우리들 유전자 속에 남아 있던 유목적 기질, 조정과 균형을 통한 통합의 능력, 창의적 정신 또한 자연스레 잊혀갔다. 획일화된 사고와, 집체적인 행동양식을 강요당했던 아시아의 개발도상국, 대한민국.

우리는 그렇게 스스로가 가진 장점들을 애써 지우며 살아왔던 것이다. 이젠 그 굴레에서 해방되어야 한다. 우리 스스로가 가진 자폐의식에서 벗어나야만 한다. 한 방향을 향해 죽일 듯 내닫는 경쟁으로부터 스스로를 풀어내야 한다.

그래야만 비로소 우리들 속에 내재되어 있던 무한한 경쟁력을 바로 볼 수 있게 될 것이다. 우리는 스스로가 창의성이 부족하다고 말하며 산다. 그렇게 말하는 이유도 모두 교육 탓이다. 하지만 우리나라 사람들은 결코 창의성이 부족한 사람들이 아니다.

우리의 창의적 정신은 세계 최초로 금속활자를 만들어냈고, 누구도 흉내 내지 못하는 고려청자를 만들어냈다. 일일이 예를 들자면 끝이 있겠는가?

창의는 오로지 신만이 할 수 있는 것이라고 말한다. 하지만 창의성은 세상에 전혀 없는 새로운 무언가를 만들어내는 기술이 아니다. 기존에 존재하고 있는 것에 무엇인가를 보태거나, 빼거나, 조합하는 데에서 창의성은 시작된다.

그런 측면에서 볼 때 창의성을 위해 꼭 가져야 할 능력은 조화와 균형이다. 우리나라는 예부터 조화와 균형의 문화를 가지고 살아왔다. 서로 다른 문화가 만날 때마다 이를 충돌의 개념으로 해석해서 분리하는 것이 아니라 서로 돕고, 돋게 하여 새 문화를 싹 틔워 왔던 것.

반대편의 것들을 상생으로 이끄는 문화

여기에는 우리말이 가지고 있는 중의성과 다의성, 그리고 다양성이 한몫을 했다. 생활 곳곳에서 만나는 갖가지 중의적 표현들은 말하는 이의 상황과 표정에 따라서도 달리 받아들여지게 된다.

하나의 단어가 두세 가지 뜻을 갖는 정도의 중의적 표현이 아니라, 단어 자체가 몇백 가지 의미로 전달되어도 그 뜻이 통하는 문화라는 것. 그 대표주자는 전라도의 '거시기'나 경상도의 '쫌'이다. 도대체 이 단어들을 어떻게 영어로 번역할 수 있단 말인가?

풍부하고 함축적인 우리 언어에는 이처럼 다의성을 내포하고 있는 표현이 많다. 하지만 다른 편에서 보면 표현의 다양성에 다시 한 번 놀라게 된다. 중의성과 다의성, 다양성은 서로 다른 이항 대립적인 단어들을 하나로 묶어내는 능력까지 발휘해냈다.

'여닫이'라는 말이 무엇인가? 열기도 하고 닫기도 한다는 말이다. 정반대의 개념을 하나로 묶어 표현했지만 전혀 어색하지 않다. '나들이'는 또 어떠한가? 나들이는 나아가 외래어인 인터체인지를 '나들목'으로 바꿔냈다. 이러한 조화와 균형의 원리는 말뿐만이 아니라 우리글에서도 잘 나타나고 있다.

우리글의 합자 원리는 단 24개의 자모만을 조합해서 수없이 많은 글자를 만들어냈다. 이러한 다의성과 다양성은 외래어의 수용과정에서도 잘 나타난다. 핸드폰이 좋은 예다. 세계 어느 곳에도 없는 '손전화'가 우리글을 통해 탄생했다.

공부하는 직장인이라는 뜻의 샐러던트, 정보와 오락기능을 함께 갖춘 프로그램이라는 뜻의 인포테인먼트, 아나운서와 오락진행자의 개념을 담은 아나테이너 등 영어권 국가에서는 듣도 보도 못한 신조어들이 만개하고 있다.

이런 신조어들은 우리의 중간항적 문화를 잘 나타내주고 있다. 영어 꽤나 한다는 사람들 입장에서 보면 이런 단어는 그야말로 콩글리시다. 하지만 우리말의 바로 이런 특성이야말로 중간항의 문화요, 창의성의 극단이며, 매개적 문화의 단면인 것이다.

우리에게 내재된 창의적 정신을 다시 깨우자

이것은 우리의 반도적 특성이 반영된 것이라 하겠다. 각기 정 반대편에 있는 것들을 이끌어 상생으로 이끄는 매개적 문화의 특징. 우리가 가지고 있는 이런 문화적 특징이야말로 통합을 통해 창의를 이끌어내는 창의적 능력과 맞닿아 있다.

이처럼 각기 다른 두 가지를 조화와 균형으로 결합해내는 문화야말로 우리 민족의 가능성이다. 동북아의 문화 문명을 바탕으로 구미권의 글로벌한 문화 문명을 받아들여 상생의 문화 문명을 만들어낼 수 있는 최적의 상태. 그것이 우리를 대변하는 말이라 하겠다.

이런 우리의 문화적 특징들은 이미 주변에서 현실로 나타나고 있다. 웹2.0을 대변하는 싸이월드. 그것은 분명 매우 디지털적인 코드다. 하지만 어떤가? 우리는 그 속에 '일촌'이라는 아날로그 코드를 부여했고, 이를 통해 디지털과 아날로그의 간극을 줄여놓으며 사람냄새를 맡고 있는 것이다.

'전지현보다 여자 친구가 더 좋은 이유는 만질 수 있기 때문이다.'라는 섹스어필한 카피로 주목받았던 핸드폰 광고. 디지털 코드인 핸드폰에 '만진다'는 아날로그 코드를 부여한 좋은 예다. 메신저 안에 키보드 대신 자필로 글씨를 쓰거나 그림을 그릴 수 있도록 한 '잉크' 대화와 이를 위해 만들어진 펜태블릿, 펜마우스 등도 우리의 디지로그 산물들이다.

뿐만 아니다. 최근에는 이메일을 통한 펜팔이 유행하고 있다. 편지라는 문명을 보다 빠르고 정확하게 전달하기 위해 만들어진 이메일로, 이젠 다시 느긋한 기다림과 그리움을 만끽하고 있는 것.

이처럼 이질적이고 대립적인, 즉 양립 불가능해 보이는 시스템을 잘 통합시키는 정신이야말로 새로운 시대의 가장 큰 가능성이다. 그렇게 해서 만들어진 새로운 가능성은 지식기반 사회에서 각광받을 수 있는 새 문명이다.

그리고 이것을 가능케 하는 창의적 정신은 우리나라 사람 누구나가 부여받은 소중한 자산이다. 단지 이 자산을 적극적으로 활용하지 못하고 있었던 것. 이러한 창의적 정신이 획일화된 교육으로 말미암아 뻣뻣하게 굳어버렸다.

개방, 참여, 공유의 정신을 우리네 집에서 찾는다

오랜 시간 동안 굳어져 마치 퇴화되어버린 것처럼 느껴지는 우리의 창의적 정신. 하지만 몇 십 년 동안 자전거를 타지 않고 버려두었다가도 올라앉기만 하면 금방 다시 예전의 감을 잡게 되는 것처럼, 창의적 정신 또한 다시금 일어설 것이다. 실제로 일어서고 있다.

교육의 힘이 자못 대단한 것이기는 해도, 생활을 따라갈 수는 없는 노릇이다. 우리는 매일매일 생활 깊숙이에서 이런 창의적 산물들을 마주 대하고 있다. 말이 그렇고, 음식이 그렇고, 글이 그렇다. 그뿐만이 아니다. 우리는 생활 곳곳에서 창의적 정신으로 탄생한 각종 도구를 사용하고 있지 않은가?

우리들 머리와 가슴 깊숙이에 잠자고 있는 창의적 정신을 다시금 일깨우자. 우리에겐 세계로 도약할 수 있는 기반, 창의적 정신이 내재되어 있다. 그러니 새로 만들 필요조차 없다. 그저 다시 깨우기만 하면 되는 것이다.

유연성과 개방성은 어떤가? 일본은 아래로부터 위로 올라간 음식문화를 가지고 있다. 어업을 통해 생계를 이어갔던 많은 어민들의 나라 일본, 그 수탈과정에서 음식문화가 만들어졌다는 것. 잡아온 물고기 중 상당수를 귀족들에게 수탈당했던 어민들이 배 위에서 물고기를 날것으로 먹던 음식문화가 그 유명한 '사시미'가 되었다.

기름기가 많아 맛이 없다는 이유로 그나마 빼앗기지 않은 물고기들로 어민들은 생계를 이어가야 했다. 그래서 기름기 많은 물고기의 기름을 빼며 익히기 위해 화로에 걸어 말리듯 구웠던 것이 유래가 되어 지금의 '로바다야끼'가 되었다.

한 마디로 일본의 음식문화는 수탈의 문화요, 폐쇄성에서 만들어진 문화라는 것. 하지만 우리 음식문화는 위로부터 아래로 내려간 문화다. 대궐에서 임금이 연회를 베풀고 사대부들에게 음식을 나누면, 사대부들은 가솔들과 백성들에게 잔치를 베풀고 음식을 나눈다.

그래서 음식들이 제각기 화려하며, 정성이 가득하다. 잔치가 있으면 으레 동네 아낙들이 함께 모여 전을 부치고, 이렇게 만든 음식을 다시 나눠먹는 문화. 이런 문화야말로 개방, 참여, 공유의 문화다. 이런 우리의 문화를 잘 반영하고 있는 것이 또 한옥문화다.

상호작용이 있기에, 통합의 중요성을 생각한다

한옥문화의 정서는 한마디로 반개방성이다. 폐쇄된 것도, 개방된 것도 아니다. 그 중간쯤에 위치한다 하겠다. 문을 창호지로 바르는 것이 그렇고, 마루가 그러하며, 대청의 문짝을 터서 달아 올리는 분합문(分閤門)의 문화가 그러하다. 소위 '보일락 말락' 하다는 것.

이런 모든 전통은 성벽문화와 노천문화의 중간쯤에 위치한 것들이다. 분열이면서도 통일이며, 고립이면서도 결합이다. 그러나 이러한 반개방성 문화의 백미는 역시 정자문화다. 정자는 사방으로 열려 있는 공간이다. 비어 있는 공간이다.

그곳은 누구든 들어와서 함께 즐기고, 나누고, 공유하는 공간이다. 그리고 이것은 순수한 시각공간이다. 정자 안에서 밖을 보는 것만 아름다운 것이 아니라, 밖에서 정자를 보아도 아름답다. 그야말로 쌍방향 시점이라는 것이다.

이러한 우리의 주거문화들이야말로 개방, 참여, 공유의 진수요, 이러한 정신이야말로 웹2.0의 세계를 그대로 옮겨다 놓은 것이 아니고 무엇이겠는가?

다 같이 둘러앉아 흥이 나면 일어서 함께 춤을 추며 어울리는 문화, 그래서 무대가 따로 없는 우리의 마당놀이 문화 역시 모두 웹2.0의 세계와 쌍둥이처럼 닮아 있다. 정해진 날이 되면, 모르는 사람도 다 함께 모여 탑돌이를 하고, 이 마을 저 마을이 소통하게 하는 5일장이 있던 문화. 바로 이러한 우리의 문화야말로 소통의 문화라 할 것이다.

젓가락 문화를 들어 우리의 손재주를 자랑하는 이들이 많다. 우리가 각종 기능올림픽 금메달을 휩쓸었던 지난 시절을 떠올리면 그 말도 썩 틀린 말은 아니다. 하지만 이 젓가락 문화는 손재주를 키운 것에 앞서 통합이라는 차원에서의 시사점이 많은 문화다.

개체의 분리를 기본으로 하는 독립성 문화의 포크와 나이프에 비해 우리의 젓가락은 상호작용에 의한 인간관계를 반영한 것이라 하겠다. 젓가락은 두 짝이다. 하나만을 가지고는 기능을 발휘할 수 없다. 상호작용이 필요하다. '인터렉션'이 이루어져야만 기능이 발휘된다는 것.

웹2.0에서 그렇게 강조하는 인터렉션의 연습을 우리는 일상에서 젓가락질로 매일 하고 있는 것이다. 이런 상호작용에 대한 이해가 있었기에 우리는 통합 능력을 매우 중요한 것으로 생각하게 됐다.

스스로의 판단에 의해 움직이는 시민정신

우리의 아름다운 전통인 두레와 품앗이 등도 그 좋은 예라 할 것이다. 일제강점기를 통해 우리는 '협동하지 못하는 민족'이라는 잘못된 인식을 세뇌 당해왔다. 일본인은 진흙이고, 한국인은 모래라는 말도 그때부터 회자되었다.

하지만 정말 그런가? 우리가 외적의 침탈 때마다 보여주었던 의병의 행렬, 행주대첩에서 보여준 군민들의 단결은 어떻게 설명할 것인가? 오히려 이런 '특수상황에서의 협동'보다는 '언제나 가슴 속에 흐르고 있는 협동'의 정신을 읽는 것이 옳지 않을까?

4·19혁명이 그러했으며, 6월항쟁이 그러했다. 우리의 함성이 하나로 모였을 때 그 힘이 이루는 물결은 해일보다 컸다. IMF구제금융 시절의 금모으기가 그러했으며, 월드컵 응원이 그러했고, 효순이·미선이 사건, 광우병 파동에서 보여준 촛불시위가 그러했다.

태안 기름유출 사고에서 보여준 자원봉사는 또 어떠했는가? 어느 것 하나 기네스북에 오르지 못할 기록이 없다. 이젠 일본이 씌워놓은 주술로부터 얼마든지 자유로워도 되는 것이다.

매일 우르르 몰려다니는 것이 아니라, 필요하다면 누가 명령하지 않아도 얼마든지 스스로의 판단에 의해 움직이는 시민정신이 우리나라 사람들 모두에게 깃들어 있다. 이것이야말로 웹2.0 시대가 요구하는 통합의 정신이 아니겠는가?

그런 우리나라가 IT 분야에서 새로운 위기를 맞이했다. 모바일 전쟁이 대표적인 예다. 스마트폰 시장과 태플릿 시장에서의 고전이 시사하는 바는 무엇인가? 열어놓고, 소통하고, 협업하고, 공유하는 세상에 가장 조화를 이룰 수 있는 우리가 이런 장애를 만난 이유는 무엇일까?

그것은 패러다임의 변화에도 불구하고, 근대화의 역사에서 문신처럼 남아버린 권위주의와 조직주의의 잔재에 의한 것이다. 패러다임의 변화에도 불구하고, 아직껏 남아 있는 우리의 조직문화와 조직안돈주의가 자초한 현상이다.

'일'에 몰두하도록 만드는 신명의 리더십

다시금 활짝 열어야 한다. 강자가 독식하는 시장권력의 한계를 깨고, 뿌린 만큼 거둘 수 있는 문화를 재생하는 것. 거기에 더해 모두가 자신의 인격을 존중받고 보호받으며 신명나게 '일'에 몰두하도록 만드는 리더십이 새삼 소중한 이유다.

인문학에 대한 관심, 즉 사람에 대한 관심, 그리고 사람과 사람의 관계에 대한 인식 또한 이 시대의 국면을 전환할 비장의 카드다. 우리는 그런 것들을 늘 생활 속에 깔고 살아왔다. 하지만 자본주의의 폐해 앞에서 한동안 우리는 '사람'을 잊고 살았다.

사람에게 있어 '기'란 매우 중요한 것이다. 그것은 일종의 신명이다. 기가 살면 안 되는 것이 없고, 평소 잘 하던 것도 기가 죽으면 못해내기가 일쑤다. 이 '기'란 놈은 미신이나 주술적인 것이 아니다. 우리의 정신영역 속에 존재하는 매우 상승적인 에너지다.

기를 돋아내면 신바람이 인다. 우리의 사물놀이는 신바람의 예술이다. 불과 네 가지 타악기만으로 신바람을 일으킨다. 논일과 밭일을 하며 즐겼던 농악은 또 어떠한가? 들매화 정신이 신바람을 만나면 무서우리만큼 큰 에너지가 생긴다. 그리고 그것은 얼마든지 아름다운 꽃을 피울 수 있는 긍정적인 기로 재탄생한다.

축복받은 경쟁력이 우리들 스스로에게 있다. 우리는 자신감을 가져도 될 만큼 충분한, 아니 넘치는 재능을 이미 가지고 태어났기 때문이다. 물론 지나치게 국수주의적이고도 민족주의적인 시각이라는 비판을 받을 수도 있다.

하지만 내가 말하고 싶은 것은 자신감이다. '엽전 근성이 어떻고, 조선놈이 어떻고'를 스스로 말하며 자괴감을 느껴야만했던 지난 시절의 우리로부터 벗어나자는 것이다. 얼마든지 할 수 있다. 우리들 속에는 이처럼 잠재된 장점이 많고, 그것은 우리가 맞이한 '사람의 시대'에 더욱 빛을 발할 수 있을 것이다.

안 되는 것 없는 기, 기는 신바람이 만든다

이젠 가슴을 펴자. 이젠 신바람을 만나자. 아니, 신바람을 만들어내자. 우리들 들매화는 신바람의 들매화다. 세계는 우리네 심장 박동이 만들어내는 신바람의 문화를 간절히 기다리고 있다. 이젠 떨쳐 일어서 나아갈 때다.

무릇 리더가 되려는 사람은 가장 먼저 동력을 고려해야만 한다. 어떻게 이 일을 신명나는 일로 만들 것인가? 칭찬을 하는 것도, 자부심을 만들어주는 것도, 성과를 나누는 것도 모두 동력이다. 돈도 동력이고, 시간도 동력이다.

하지만 동력은 '어떤 일인가?', '어떤 사람들이 모였는가?', '환경은 어떤가'에 따라 모두 다르게 작용한다. 따라서 이런 세세한 변수들을 고려하고, 조직원들의 상황을 잘 이해해서 이끈 동력만이 일의 성공에 기여할 것이다.

달리 말하면 일을 잘 파악해야 하고, 사람을 잘 파악해야만 한다. 어느 한 쪽으로만 치우쳐서는 제대로 일을 만들기 어렵다. 일의 프로세스를 파악하고 줄기를 잡는 것이야말로 스마트형 리더가 갖추어야 할 제1덕목이다.

프로세스를 잘 파악하는 프로듀서적 능력, 여기에 사람을 파악해서 동기를 잘 부여할 줄 아는 리더라면 반드시 일을 성공으로 이끄는 리더가 될 것이다. 기획이란 것도 이와 다르지 않다. 일을 기획하는 리더들이여, 사람을 알고 일을 알자.

우리나라는 신바람의 나라다.
신바람이 불기만 하면 안 되는 일이 없다.
기적을 만드는 민족이라는 것.
신바람을 만들어낼 수만 있다면
일은 끝난 것이나 다름없다.

신바람은 **동력**이고,

신바람을 만드는 것은 동기를 부여하는 것이다.
신바람은 마음에서 비롯된다.
머리보다는 가슴의 문제다.
리더가 되려는 사람은
일을 잘 파악해야 하고,
사람을 잘 파악해야만 한다.

일의 **프로세스**를 **파악**하고
줄기를 잡는 것,
여기에 사람들을 읽고 **동기**를 부여하는 것,
그것이 바로
신바람리더십이다.

2부 : 리더, 당신의 소통에 스위치를 켜라!

4장 : 실체가 있어야 소통도 있고, 리더십도 있다!

일방향 소통이 좋은가? 아니면 쌍방향 소통이 좋은가? 리더는 말하고, 멤버는 듣고 따라야만 하는 시스템이 좋은가? 리더와 멤버가 서로 의사를 소통하며 좋은 방향을 찾는 시스템이 좋은가?

당연히 쌍방향 소통이 좋은 것인가? 꼭 그렇지만은 않다. 입장에 따라 다를 수 있다는 것. 권위주의 시대, 권위에 기대 살던 사람들은 쌍방향 소통을 싫어했다. 언론 통제라는 말을 들어보았는가? 그것 역시 일방적으로 자기 의사만 전달하고자 하는 이들에 의해 만들어진 결과물이다.

'대한늬우스'를 기억하는가? 극장에서 영화가 시작되기 전 우리 모두는 기립해서 국민의례를 했고, 국민의례 후에는 의례 대한늬우스가 상영됐다. 대통령의 치적이 홍보되고, 국가의 발전이 소개되었다.

일방통행에 안주했던 권력자들과 조직문화

많은 사람들이 스크린에 비치는 태평성대를 있는 그대로 받아들였고, 핑크빛 희망을 만나곤 했다. 각자 자기 자리에서 '하면 된다.'는 정신을 발휘하던 그 시절의 모습이 지금 TV를 통해 만나는 북한의 모습과 크게 다르지 않았다면 비약인가?

땡전뉴스도 있다. 전두환 전 대통령의 호가 무엇인지 아는가? '일해'라고 알고 있는 사람들이 있다. 아니다. 전두환 전 대통령의 호는 '오늘'이다. 뉴스가 시작되면 늘 듣게 되던 말, '오늘 전두환 대통령께서는'을 기억해내고도 호가 '일해'라 말하겠는가?

그렇다면 영부인이었던 이순자 여사의 호는 무엇인가? '한

편'이다. 전두환 전 대통령의 뉴스 몇 꼭지가 끝나고 나면 어김없이 '한편 이순자 여사께서는'이라는 멘트가 나오지 않았던가? 물론 우스갯소리다.

아홉시 뉴스 시보와 함께 '오늘 전두환 대통령께서는'하고 방송되던 그때의 뉴스를 땡전뉴스라고 일컫는다. 일방향 소통의 전형적인 예다. 권력자들에게 있어 쌍방향 소통은 골치 아픈 일이었을지 모른다.

자신들이 하고 싶은 말, 전하고 싶은 사실을 마음대로 전할 수 있던 시대. 언론의 자유는 구속되고, 사람들은 알 권리를 잃었지만, 권력자들은 그래서 마음껏 피지배자들을 유린하며 자신들의 권력을 구가했다.

하지만 지금은 다르다. '쥐우깡', '칼참치' 사건을 기억하는가? 과자 봉지 속에 쥐 대가리가 들어 있어 온 국민을 경악케 했던 사건이다. 만일 이 사건이 일방향 소통의 시대에 벌어졌다면 어땠을까?

제과회사는 자신들의 과자가 좋다는 일방적 메시지만을 소비자들에게 보낸다. 소비자들은 광고를 통해 최면에 걸리고, 뉴스를 통해 맹신을 갖게 된다. 그러던 시절 쥐 대가리가 들어 있는 과자를 구매한 아이가 있다고 치자.

과연 어떤 행동을 했을까? 우리의 예전을 떠올리면 어렵지 않게 상상할 수 있을 것이다. 그저 버리고 다른 과자를 먹거나, 기껏해야 가게에 가서 사정을 말하고 새 과자봉지를 바꿔 들고 집으로 돌아오는 것이 십중팔구였을 것이다.

SNS에 왕따 당하는 권력자들과 기업들

집집마다 전화가 들어가고 나서는 전화로 항의하는 사람들이 조금씩 생겨났다. 제과회사나 소비자보호원, 혹은 시민단체에 전화를 걸고, 이것은 다시 제과회사에 전달되던 시절. 어떤 항의도 하지 않던 시절에 비해서는 그나마 쌍방향 소통이 이루어진 시대다.

아마 그 시절, 그런 전화를 받은 제과회사라면 담당자를 부리나케 소비자의 집에 파견했을 것이다. 과자 한 상자를 들고 소비자의 집을 찾은 담당자들은 사건을 '무마'하기 위해 당근과 채찍을 동시에 사용하곤 했다. 협박과 회유다.

소비자가 언론에 제보를 하게 되면 어땠을까? 평소 홍보담당자들과 '친분'을 쌓아두었던 기자들은 '사실 확인'을 위해 홍보담당자에게 전화를 한다. 전화를 받은 홍보담당자들은 열 일을 다 제치고 기자를 찾아간다.

혹자는 사정을 하고, 혹자는 봉투를 건네고, 혹자는 술을 산다. 그리고 그 덕에 그 일은 없었던 일이 된다. 'PR'을 '피(P)할 것은 피하고, 알(R)릴 것은 알리는 것'이라고 말하게 된 것도 여기서 비롯된 것이다.

그저 알리기만 하는 것이 아니다. 네거티브를 막는 것, 피하고 싶은 것을 피하는 기술이 일방향 소통 시대 'PR'의 중요한 역할이었다. 그러다 우리는 웹사이트 시대를 맞이한다. 기업들은 인쇄물로 찍어내던 카탈로그를 웹사이트로 대체하게 된다.

그리고 대기업은 물론 중소기업과 자영업자들까지 유행처럼 웹사이트를 만들었다. 이 웹사이트에 게시판을 만들고, 이것이 쌍방향 소통의 시작인 것처럼 호들갑을 떨기도 했다. 기업들은 소비자들이 이 게시판에 들어와서 기업의 좋은 점을 말하고, 혹은 건의사항도 말하는 '건전한' 홍보를 기대했다.

종이로 찍어내던 것에 비해 비용도 매우 적게 든다는 장점도 한몫을 했다. 하지만 결과는 달랐다. 소비자들이 들어오지 않았고, 들어왔다 하더라도 게시판에 글을 잘 적지 않았으며, 몇몇 글을 적는 '적극적 소비자'들은 험담을 하기가 일쑤였다.

웹사이트가 골칫거리가 되었다는 것. 들어오는 험담과 질문에 일일이 답변을 해야 했으므로 담당자를 두어야 하는 부담도 생겨났다. 그러던 중 SNS(Social Networking Service)가 일반화되면서 기업들은 '왕따'를 당하게 된다.

세뇌는 가능한가? 일방통행이 한계를 만나다

소비자가 얘기를 시작하고, 이것이 사람들 사이에 먼저 퍼진다. 그것을 신문과 방송이 받는다. 기업만 모르고 있는 제품에 관한 '문제'가 온 세상에 널리널리 퍼져나가는 것이다. 제3자들만의 소통이 시작된 것이다.

앞서 말한 '쥐우깡'과 '칼참치'가 대표적인 예다. 정치인의 행동거지나 말이 현장에서 동영상으로 생중계되는 세상. 오천만 국민 대부분이 카메라와 캠코더와 방송국을 가지고 있는 세상. 모두가 언론인이요, 메신저요, 감시자다. 이제 더 이상

'땡전뉴스'는 없다.

사정이 이런데도 모든 사람들이 쌍방향 소통을 원한다고 말할 수 있을까? 쌍방향 소통은 소통의 주체들이 간절히 원해서 만들어진 환경이 아니다. 기술의 발달로 말미암아 만들어진 쌍방향 환경의 산물일 뿐이다. 오히려 기업이나 권력자들은 이 쌍방향 소통 때문에 골머리를 앓는 시대가 되었다.

하지만 일방향 소통에는 한계가 없을까? 쌍방향 소통 시대이기 때문에 뜻대로 되지 않는 것인가? 그렇지만은 않다. 일방향 소통 또한 권력자들의 의지만으로는 효력을 발휘하기 어렵다. 그래서 독재가 타도되고 민주화가 일어나지 않았는가?

일방향 소통의 대표주자는 광고다. 기업이 하고 싶은 말을 일방적으로 세뇌시킬 수 있는 수단이기도 하다. 여러 차례 반복적으로 광고를 본 소비자들은 세뇌되기도 한다. 이런 수단을 활용하면 자신이 얻고 싶은 이미지를 획득할 수 있을까?

일방향 소통의 한계를 보여주는 예가 있다. 1997년 4월부터 2008년 12월까지 27편의 시리즈 광고로 무려 11년 반 동안 집행되었던 삼성전자 '또 하나의 가족' 캠페인이다. 이 캠페인의 진행과정을 살펴보자.

1990년대 초반까지 소비자들은 각 제품별로 선호하는 브랜드가 달랐다. 이를테면 TV는 삼성, 냉장고는 LG, 세탁기는 대우 등의 공식이 존재했다. 그리고 전자제품에 대해 소비자와 기업을 지배한 인식은 '첨단기술력의 차이가 제품력의 차이를 만든다.'였다.

하지만 IMF를 지나면서 소비자들의 인식은 개별 제품에서 브랜드 중심으로 옮겨가기 시작했으며, 브랜드 선호도의 기준 역시 바뀌기 시작했다. 첨단기술력만으로는 더 이상 소비자 선호도의 확실한 우위를 확보할 수 없게 된 것이다.

똑똑한 기업의 따뜻한 시도, '또 하나의 가족'

기업이미지 재정립과 그것을 수행할 새로운 이미지광고캠페인이 필요했던 이유가 여기에 있었다. 이전까지 삼성전자는 '똑똑한 기업'이라는 이미지를 가지고 있었다. 그러나 그보다는 소비자를 위해 노력하는 기업, 친근감과 인간미가 느껴지는 기업이미지가 필요하다는 인식 하에서 '또 하나의 가족'이라는 새로운 이미지광고 캠페인이 탄생한 것이다.

새로운 기업이미지 광고의 이 같은 목표는 '정이 느껴지는 삼성전자', '따뜻함이 있는 삼성전자'로 확대되었다. 또한 소비자와 삼성전자의 공감 공간을 '생활'과 '행복'으로 설정하였다. 일상생활에서 행복이 머무는 공간은 가정이며, 가정의 구성원인 가족이야말로 한국인에게 가장 친근한 대상이다.

때문에 광고콘셉트는 삼성전자가 행복한 가족의 생활조연으로서 소비자에게 가족 같은 기업이 되겠다는 의미에서 '삼성전자 = 가족 같은 기업'으로 결정되었다. 광고표현은 TV 한 대를 놓고 온 동네 사람들이 마당에 둘러앉아 행복한 웃음꽃을 피우고, 축 처진 어깨로 퇴근길 포장마차에 들른 가장이 딸의 전화 한 통을 받고 행복해한다는 설정 등 일생생활에서 느낄 수 있는 행복한 순간들을 포착하는 데 주력했다.

소박하지만 인정이 넘치는 평범한 소재들을 선택하였기 때문에 표현기법의 차별화가 매우 중요한 과제였다. 삼성전자는 클레이 애니메이션이라는 독특한 표현기법도 활용했다. 가장 한국적이고 소비자들을 공감하게 할 수 있는 정서적 표현기법일 뿐만 아니라 친근감의 전달이 용이하다는 판단에서였다.

'동네TV'편에서 처음 선보인 클레이 애니메이션 기법은 소비자뿐만 아니라 각종 언론과 전문가들로부터 뜨거운 호응을 얻었다. 가장 인상적인 광고이자 한국인의 정서로 고객들의 가슴을 파고 든 한국적 광고의 전형이라고 평가받았던 것.

캠페인 집행 초기부터 뜨거운 관심을 불러일으켰던 '또 하나의 가족' 캠페인은 철저히 소비자 관점에서 콘셉트를 도출하고, 꾸준한 소비자조사를 통해 검증함으로써 신선함과 호감도를 이어갔다.

십년 공들인 '또 하나의 가족'이 실종되다

이 캠페인은 출발 당시 집행 4개월 만에 광고 선호도 4위, 기업이미지 광고 중 호감도 1위라는 놀라운 성과를 거두었다. 국내 광고계에 새로운 포맷을 개척하고, 한국적 광고의 전형을 창의했다는 평가를 받으며 각종 광고상을 휩쓸기도 했다.

그리고 많은 광고인들은 이 광고캠페인을 대한민국 기업광고사에 큰 발자취를 남긴 광고로 꼽는다. 광고 일을 하는 사람들이라면 누구라도 이런 대작에 함부로 입을 대기가 그리 쉽지 않음을 잘 알고 있을 것이다.

그러나 정말 이 광고캠페인에 문제는 없었던 것일까? 문제가 있었다면 과연 어떤 것이 문제인가? 대한민국 사람치고, 이 광고를 모르는 사람은 없었을 것이다. 이 광고의 완성도에 대해서 폄하하는 사람 역시 그리 많지 않을 것이다.

그러나 정작 소비자들은 삼성전자를 또 하나의 가족으로 받아들이고 있는가? 삼성전자를 가족 같은 기업으로 받아들이게 되었는가? 그렇지는 않았다. 이러한 사실은 삼성전자에 대한 소비자조사를 통해 밝혀졌다.

소비자들은 광고의 이미지에 대해서는 '따뜻한, 정감 있는 다정한 광고'라고 대답했지만, 삼성전자의 이미지에 대해서는 '능력 있는 기업, 냉철한 기업, 1등 재벌기업'이라는 응답을 보였던 것. 광고와는 상반된 반응이다. 그렇다면 10년 동안 공들인 '또 하나의 가족' 캠페인은 어디로 실종된 것일까?

그리고 그 이유는 무엇일까? 그 중요한 이유는 광고이미지와 기업이미지의 괴리라 할 것이다. 광고를 통해 소비자들은 삼성전자가 또 하나의 가족 캠페인에서 '가족'을 말하고 있다는 사실은 알고 있었다. 하지만 사람들은 이 광고의 이미지를 삼성전자의 이미지로는 연결시키지 못했다.

진정한 의미에서의 공감이 형성되지 못한 것이다. 광고를 통해 가족의 일상과 추억을 보여주고, 무엇인가 가족의 이야기를 하고 있다는 것은 알아차릴 수 있지만, 삼성전자가 가족처럼 느껴지지는 않는다는 것이다.

항상 곁에 있어서 가족이다? 삼성의 전자제품을 사용하니 가족이다? 그 어느 것도 공감을 주기에는 어려움이 있었다. 그러나 더 큰 문제는 삼성전자가 가지고 있는 기존 이미지와 현재의 정체성이다.

이미지는 '좋다, 나쁘다'가 아니다

삼성전자에 대한 좋은 평가들은 넘쳐났다. 일하고 싶은 기업 1위(잡코리아), 3년 연속 존경받는 기업 1위(한국능률협회), 2006년 포춘지 선정 세계 48위 기업, 시가총액 기준 세계 반도체 주식 1위, 세계 최초 HSDPA폰 W200 출시 등 삼성전자를 위한 굿뉴스는 헤아릴 수 없을 만큼 많다.

삼성은 1938년 창업 이래 한국경제를 주도해 온 대기업이다. 합리적인 기업, 인재 제일주의 기업, 건실한 기업의 대표주자인 삼성의 경영목표는 기업의 위상 높이기, 사회 공헌 실현, 최고제품 지향, 대표적인 브랜드로 거듭나는 것이다.

소비자들이 가지고 있는 이미지 또한 삼성의 아이덴티티와 경영목표 위에서 만들어졌다. 합리적인 기업, 인재 제일주의 기업이라는 코드가 '따뜻하고 정이 느껴지는 기업'과는 잘 어울리지 않는 데에서 그 첫 번째 문제를 찾을 수 있을 것이다.

합리적인 인재 제일주의 기업은 똑똑한 이미지이지, 따뜻한 이미지는 아니기 때문이다. 이것은 자칫 선민의식의 부정적 이미지를 전달할 수도 있다. '혼자 잘 먹고 잘사는 기업'이라는 소비자들의 폄하와 질투가 있을 수 있다는 것이다.

얄밉기는 하지만 제품은 좋으니 구매할 수밖에 없는 상황이 전개되고 있지는 않은가? 그렇다고 해서 합리적인 기업, 인재 제일주의 기업은 결코 따뜻한 기업이 될 수 없는 것일까? 그렇지는 않다. 문제는 실체가 가지고 있는 정체성이다.

앞장에서 우리는 사실보다는 인식이 더 중요하다는 점을 살펴보았다. 그러나 실체가 없는 인식이란 없다. 인식을 만들기 위해서는 사실이 전제되어야만 하는 것이다. 번듯한 포장만으로는 인식을 만들어낼 수 없게 되었다는 것이다.

그렇다면 삼성이 그간 소비자들에게 보여준 또 한 쪽의 사실에는 어떤 것들이 있는가? '사회적 책임을 못하는 기업 1위(매일경제)', '해외에서와는 달리 국내에서의 평판은 훼손되고 있다.(AWSI)', '2002~4년 장애인고용 꼴지 대기업', 그로 말미암은 '장애인고용부담금 납부 1위 기업' 등의 오명을 안고 있는 것이다.

겉과 속이 같은 표현, 커뮤니케이션으로 뚫어라

여기에 재벌기업 전체에 대한 반감도 한 몫을 하고 있다. 정경유착 · 불법증여 등으로 말미암은 부정적 이미지 등이 그것이다. 좋은기업지배구조연구소는 '한국 사람들은 삼성전자의 성장과 기업의 능력을 자랑스러워 한다. 하지만 법도 유린할 수 있는 삼성전자의 권력에 대해서는 두려워 한다.'는 말로 삼성전자를 평가했다.

특히 삼성그룹의 경우에는 파격적인 조건 제시와 기업 활동으로, '인재와 돈 모두가 몰리는 기업'이라는 인식이 강하다. 돈과 사람을 빨아들이는 블랙홀, 일명 '삼성독주론'이 그것이다. 그리고 이러한 삼성의 독주는 소비자들로 하여금 상대적 박탈감과 양극화 인식을 심어주고 있다. 이른바 동반 성장의 걸림돌로까지 인식되고 있는 것이다.

이러한 문제들은 삼성전자로서도 감수할 수밖에 없는 현상일 것이다. '삼성전자는 국내 최고의 기업'이라는 소비자의 이성적 판단이 머리로는 전달되었지만 '삼성전자가 또 하나의 가족은 아니다.'라는 소비자의 감성적 판단이 가슴에 만들어져 있는 것.

이에 대해 삼성으로서는 억울한 측면이 있을 것이다. 그간 삼성전자는 상당한 수준의 사회공헌을 진행해 왔기 때문이다. PR을 하지 않았던 것도 아니다. 그럼에도 불구하고 좀처럼 '돈 잔치로 때우려 한다.'는 부정적 인식이 바뀌지 않는 이유는 무엇일까? 이러한 문제의 원인은 전사적이지 못했던 것과 전략적이지 못했던 것으로 압축해서 살펴볼 수 있다.

전사적이지 못했다는 것은 '겉과 속이 달랐음'을 말하는 것이다. 경영이념과 철학, 그리고 목표가 가지고 있는 내용과 소비자들에게 전달하고자 했던 내용이 달랐다는 것. 앞서 말한 것처럼 삼성이 지향하는 기업은 '최고의 기업'이다. 그런 기업이 '또 하나의 가족'이라는 말을 십년이나 반복해왔지만 소비자들은 이를 믿지 않았다.

소비자들에게 삼성전자는 지금도 '최고의 기업, 똑똑한 기업'일 뿐이다. 이를 극복하기 위해서는 겉과 속을 일치하려는 노력이 필요하다. 기업 아이덴티티 자체를 바꾸지 않은 상황에서는 캠페인의 목적을 달성할 수 없다.

안으로부터의 변신, 밖으로 뻗는 커뮤니케이션

그렇다면 어떻게 문제를 해결해야 할 것인가? 우선은 앞에서 지적한 문제들을 풀어내는 것에서 해결방법을 모색해 볼 수 있겠다. 가장 먼저 기업의 경영이념과 철학, 그리고 목표를 수정하는 노력이 필요하다.

그리고 회사의 시스템을 고객들과의 교감이 가능한 형태로 움직여야 한다. '삼성맨'들 스스로가 소비자들에게 '또 하나의 가족'으로 거듭나려는 노력이야말로 진정한 의미에서 목표를 달성할 수 있는 기본조건이라 할 것이다.

하지만 삼성은 이러한 노력보다는 광고에 쌍방향 소통의 속성을 넣어 소비자들과 보다 넓은 공감을 실현하고자 했다. TV광고와 인터넷을 순환적으로 엮는 최첨단 기법을 선보인 것. '철부지 훈이' 이야기를 끼워 넣어, '여러분의 의견을 남겨 주세요.'라는 광고를 내보내고, 이를 인터넷으로 수용했다.

그리고 이렇게 수집된 의견 중 하나를 선택하여, 다시 광고로 만들고 방영하는 노력. 그야말로 쌍방향 매체의 최첨단 도구들을 활용했으며, 소비자들과의 교감을 극대화하려는 노력을 기울였던 것이다. 하지만 결과는 실패.

그래서 나온 것이 2009년 10월 중순에 시작된 '두근두근 투마로우' 편이다. '자연을 닮은 빛으로 대한민국을 밝히는 그 날을 위해 삼성이 준비합니다. 친환경 초절전 LED, 두근두근 투마로우. 삼성'. 별 따는 아이들을 활용한 애니메이션 광고에 이르러서야 소비자들은 그런대로 '인정'을 하게 된다.

'그래. 비록 가족은 아니지만, 너희가 대한민국의 내일을 준비하는 것은 맞지. 그래, 그래야 대한민국의 미래가 더 나아질 거야. 삼성은 얄미워도 대한민국을 대표하는 기업이니 말이야.'

삼성의 전략은 처음 시도했던 따뜻한 기업으로의 변화 대신 실체가 있는 이미지, 소비자들의 인식에 기대어 그 위에 집을 짓는 쪽으로 변화하였다. 실체를 만들어내는 노력 대신, 실체에 가까운 이미지를 택한 것이다.

리더들이 가진 '실체'는 무엇인가?

바야흐로 쌍방향 소통의 시대다. 소통이란 이런 것이다. 나 혼자 외쳐서 세뇌시키는 것이 아니라, 공감을 만드는 것에서 소통의 코드를 읽어야 한다. 그리고 이를 가능하게 하려면 먼저 실체를 만들어야만 한다.

실체가 없는 소통은 공허하다. 오히려 부작용만 낳는다. 진심이 없는 소통도 그러하다. 소통은 기술만으로 이루어지는 것이 아님을 일깨워 준 좋은 예다. 삼성만 그러한가? 지금 대한민국은 모두 이러한 고민 속에서 소통의 어려움을 호소하고 있다. 그래서 소통에 앞서 실체를 준비하는 노력이 필요하다.

리더들의 '실체'는 어떤 것일까? 당신은 어떤 실체를 가지고 있는가? 리더에게 필요한 실체란 무엇인가? 많은 책과 강좌는 리더들에게 '무리'할 만큼의 능력과 자질을 요구하고 있다. 과연 그 중 필수적인 능력은 무엇인가?

'신언서판(身言書判)'이라는 것이 있다. 이것은 중국 당나라 때에 관리를 등용하는 시험에서 인물 평가를 하는 기준이었다고 한다. 몸(체모:體貌) · 말씨(언변:言辯) · 글씨(필적:筆跡) · 판단(문리:文理)의 네 가지를 이르는 말이다.

당나라 때 비롯되었다고는 하지만 현대의 리더들이 필수적으로 갖춰야 할 능력과 크게 다르지는 않다. 그야말로 '리더십의 고전'이라 할 것이다. 중요한 것은 내적 능력과 이것을 드러내는 외적 능력까지를 모두 챙겨야 한다는 것.

신(身)이란 사람의 풍채와 용모를 뜻하는 말이다. 외모지상주의의 세상이다. 그만큼 첫인상이 중요하다는 것. 하지만 '신'은 단순히 생김새만을 이야기하는 것은 아니다. 행동거지까지를 포함하는 말로, 오히려 현대적 의미에서는 '매너' 내지 '에티켓'으로 표현될 수 있겠다.

언(言)이란 사람의 언변을 말한다. 생각을 분명하고도 조리있게 말하는 것이 중요하다. 현대적 의미에서는 '무엇을 말하고자 하는가'가 아니라, 상대에게 '무엇을 들려주려 하는가'에 충실한 말하기 습관으로 표현될 수 있겠다.

서(書)는 글씨(필적)를 가리키는 말이다. 글씨는 그 사람의 됨됨이를 말해 주는 것이라 하여 매우 중요시하였다. 그래서 인물을 평가하는 기준으로 활용되어 왔다. 하지만 현대에 와서는 글씨가 아닌 '글'의 중요성이 강조되고 있다. 자신의 생각을 글로 표현하는 능력이라 할 수 있다.

판(判)이란 사람의 문리(文理), 곧 사물의 이치를 깨달아 아는 판단력을 뜻하는 말이다. 현대에 와서는 앞의 '신, 언, 서'에 비해 가장 앞에 와야 할 것으로 인식되고 있다. 지혜와 지식 없이 말을 잘하거나 글을 잘 쓴다는 것은 있을 수 없다.

'판'은 내용이고, '신, 언, 서'는 형식이다

나머지 세 능력이 외적으로 자신을 드러내는 것이라면, 이 '판'은 내적 능력을 의미한다. 다른 것들이 형식이라면 이것은 내용이다. 이 '판'은 '관(觀)'으로도 표현될 수 있다. 전문적 지식은 물론 세상에 대한 넓은 이해를 통해 자신의 가치관을 세우고, 그 위에 일과 사람을 투영하는 능력을 말한다. '신, 언, 서'에 앞서 갖추어야 할 중요한 덕목이라 할 것이다.

현대에 와서는 넓은 지식과 특정 분야의 깊은 지식이 만나는 'T자형' 지식이 강조되고 있다. '통섭과 통합'이라는 코드 역시 리더들이 놓쳐서는 안 될 시대적 조류다. 한 가지 전문 분야를 중심으로 깊이 파기만 해서는 시대가 원하는 '판'을 이룰 수 없다.

특히 사람과 사람, 사람과 사회의 문제를 다루는 인문학적 지식과 통찰력이 더욱 강조되는 세상이다. 기술과 과학에만 매몰되어 사람과 사회에 대한 문제를 소홀히 해서는 새로운 시대를 이끌 수 없다.

'판'의 능력을 키우기 위해서는 지속적인 자기계발이 필요하다. 책 읽기도 좋은 자기계발이지만, 현대에는 그 외에도 얼마든지 좋은 도구들이 많다. 스스로 자신에게 맞는 도구를 골라 '판'의 능력을 꾸준히 키워가야 할 것이다.

앞에서 '신, 언, 서'는 밖으로 드러나는 능력이요, 형식에 해당한다고 했다. 밖으로 드러나는 능력이란 주관적인 것이 아니다. 객관성을 담보해야만 하는 것이다. 스스로 무엇이 맞는가를 판단해서 행하는 것도 중요하지만, 남들이 어떻게 보는가 하는 것이 매우 중요하다는 것.

자의식이 강하고, 고집이 센 사람일수록 이 '신, 언, 서'가 약하기 마련이다. 적극적 교류와 배려가 필요한 덕목이다. '신입사원 티를 벗으면 모든 직장인들은 글과 말로 평가된다.'는 말이 있다. 그렇다면 좋은 글과 말은 무엇일까?

훈련을 통해 키워질 수 있는 '신, 언, 서'

남들로 하여금 쉽게 이해하고, 공감하여 고개를 끄덕이게 하는 것이 글과 말이다. 물론 그 안에는 필요한 지식과 판단이 녹아 있을 것이다. 하지만 같은 지식과 판단이라 하더라도 그것을 표현하는 일은 매우 중요하다.

남들과의 사이에서 벌어지는 주고 받음. 그것이 바로 '신, 언, 서'다. 따라서 이것은 절대적인 것이 아니라, 매우 상대적인 것이며, 책만으로는 가질 수 없는 지식이다. 특별한 훈련을 통해 보다 나은 능력을 갖게 될 수도 있다.

이런 훈련을 위한 책도 많고, 학원도 많다. 주위에서 가장 쉽게 시도되는 것이 '5분 스피치'다. 어떤 주제를 가지고 각자 5분 동안 말하고, 그 내용을 가지고 서로 평가하고 스스로를 보정해가는 프로그램이다.

이와 비슷하지만 매우 효과적으로 제안되고 있는 것 중 하나가 '이그나이트(Ignite)'다. 이그나이트는 2006년 11월 미국 시애틀에서 시작되어 지금은 전 세계에서 열리고 있다. 20장의 슬라이드를 15초마다 자동으로 넘기며, 모두 5분 동안 자신의 이야기를 여러 관객들과 나누는 행사다.

어떤 주제든 자유롭게 자신의 이야기를 할 수 있을 뿐만 아니라 시각 소통이라는 현대적 감각에도 잘 맞아 젊은이들 사이에서 화제가 되고 있다. 슬라이드를 구성하고, 그 슬라이드를 활용해서 자신의 생각을 말하는 훈련으로 그 효과를 기대할만 하다.

이그나이트를 변형시켜 15장의 슬라이드를 20초마다 넘기며 스피치 하는 '메차쿠차' 등 다양한 트레이닝이자 소통의 방식들이 제안되고 있다. 그 외에도 리더십 스피칭을 위한 프로그램들이 있으니 참고하기 바란다.

자신의 콘텐츠도 정리하고, 남들과의 소통 연습도 가능한 프로그램으로는 '사람책 라이브러리'라는 행사가 있다. 사람책 라이브러리는 말 그대로 도서관에 와서 책을 빌리는 대신 사람을 빌리는 행사다.

먼저 사람들은 자신이 들려줄 책의 내용을 제안하고, 독자들은 준비된 도서목록(사람들과 주제들의 목록)을 보며 읽고 싶은 책(사람)을 선택한다. 그리고 그 책과 마주앉아 자유로운 대화를 통해 상대의 인생, 혹은 지식을 읽게 된다.

쓸수록 늘고, 안 쓰면 퇴화된다

책 대신 사람을 읽는다는 것을 제외하고는 특별히 요구되는 형식이나 제한이 없다. 자신의 분야와 위치에서 즐겁게 일하고 있는 사람들, 자신의 이야기와 생각을 2~30분 내에서 자유롭게 말하고, 독자는 이를 존중하며 듣는다.

책을 읽는 것이니만큼 중간에 시비를 걸 수는 없다. 잘 듣는 자세가 중요하다. 책과 사람은 일대 일이 될 수도 있고, 일대 다수가 될 수도 있다. 이런 행사를 주최하고, 스스로 책이 되기를 준비하는 과정에서 흩어져 있던 생각이 모이고, 그것이 콘텐츠가 될 수 있을 것이다.

결론적으로 말하면 글쓰기와 말하기는 하는 만큼 실력이 는다는 것. '용불용설'이다. 쓰면 쓸수록 는다. 쓰지 않으면 점차 약해지다가 사라지고 만다. 메모해서 말하고, 말한 것을 정리해서 글을 만들자.

그리고 그것은 여러 사람들에게 자연스럽게 평가받을 수 있는 환경에서 훈련하는 것이 좋다. 물론 한두 번의 훈련으로 비약적인 발전을 기대하기는 어렵다. 적당한 긴장감으로 콘텐츠를 정리하고, 이를 남에게 전달하는 훈련이 필요하다.

그리고 남들이 말하고 쓴 것을 받아들이는 훈련은 '신, 언, 서'능력을 갖추는 데 필수적이다. 권위를 내려놓고, 평등한 관계에서 이루어지는 소통 훈련, 계기를 만들어서 꼭 도전해보자. 그리고 이를 팀 내에 전파해서 보다 활성화된 소통을 만나자.

생생한 소식들이 여과 없이 중계되는 세상.
5천만 국민 모두가 언론인, 메신저, 감시자다.
이제 더 이상

'땡전 뉴스'는 없다.

기업이나 권력자들이
쌍방향 소통 때문에 골머리를 앓는 시대.
자신의 이미지 고양을 위해
일방향 소통에 돈과 노력을 쏟아 부어도
실체가 없으면 공허하다.
리더에게 있어 실체란 무엇인가?
'리더의 내용'이란 판단력이다.
그리고 이를 뒷받침하는 지식과 지혜다.

형식은 몸과 말과 글이다.

그리고 소통은 훈련이다.

할수록 느는 소통. 지금부터라도 훈련하자.

3부

리더와 멤버, 새로운 세상을 만나다!

1장 : 야매의 재발견, 들매화가 진짜 매화다!

2장 : 통합과 협업의 시대, 산업화의 추억은 잊어라!

3장 : 지식기반사회의 창의적 소통, 문제를 해결하라!

4장 : 개방사회를 여는 유목적 사고, 결국 소통이다!

3부 : 리더와 멤버, 새로운 세상을 만나다!

1장 : 야매의 재발견, 들매화가 진짜 매화다!

야매라는 말이 있다. 이 말은 꽤 오래 전부터 있어왔던 것으로 보인다. '가짜'라는 뜻인 것도 같고, '대충한다.'는 뜻도 있는 것 같다. 과연 이 '야매'라는 단어의 정체는 무엇일까? 야매라는 단어는 부정적인 의미를 가지고 있는 것이 확실한가? 그렇다면 그 정확한 뜻은 무엇일까?

나는 이 단어를 어머니로부터 처음 들었다. 어느 날 저녁, 어머니는 매우 불편한 얼굴로 밥상머리에 마주 앉으셨다. 식사도 제대로 못하셨을 뿐더러 그나마 몇 술 떠 넣는 모습조차 매우 불편해보였다. 어머니는 이가 너무 아파서 밥을 씹지 못하시겠다는 것이었다.

치통은 단순히 '밥먹기'를 힘들게 하는 것에 그치지 않고 숙면까지를 방해했다. 어머니는 밤새 끙끙 앓으셨고, 마늘과 파를 구워 깨물고 계시기도 했다. 통증을 줄이려 뜨거운 물을 머금어야 할 만큼 치통은 참 고통스러운 것이었다.

지금이야 치과병원도 많고 약도 흔한 시절이니 그런 질긴 고통을 맛보아야 할 이유가 없지만 당시만 하더라도 상한 이가 주는 고통은 참으로 견디기 힘든 것이었다.

그렇게 며칠을 고생하시던 어머니 표정이 어느 날 밝아져 있었다. 학교에서 돌아온 나는 이웃집 아주머니와 어머니가 나누는 이야기를 듣게 된다. '야매로 했는데, 싸기는 정말 싸대. 그렇게 아프지도 않고 좀 불편하긴 한데 시간 지나면 괜찮아지겠지 뭐'. 어머니가 야매로 이를 해 넣으신 것이다.

그렇게 들었던 야매라는 말을 다시 듣게 된 것은 쌍꺼풀 수술이나, 눈썹문신 등을 한 사람들로부터였다. 그러면서 나도 모르는 사이 '야매라는 것은 불법 의료행위를 일컫는 것이구나.'라는 생각이 자리 잡은 것 같다.

여기에 덧붙여 불법 의료행위로 말미암은 폐해가 언론에 보도되고, 그로 인해 처벌받는 사람들이 고개를 숙인 채 TV에 등장하면서 '야매'는 싸지만 좋지 않은 것, 싸지만 위험한 것이라는 인식이 잠재적으로 자리잡게 되었다.

일본이 우리의 전통에 덧씌운 색깔, 야매!

'야매'의 사전적 의미는 무엇일까? 우리말사전에는 야매가 [감탄사] [방언] '네미'의 방언(평북), [野昧] 촌스럽고 어리석음, [野梅] '야생매화, 들매화'라고 나와 있다. 내가 알고 있던 부정적 인식의 단어와는 결합도가 많이 약했다.

혹시 일본어가 아닐까하는 생각이 문득 들었다. 발음 자체가 주는 묘한 뉘앙스가 일본풍을 닮아 있기 때문이다. 하지만 일본어사전에도 '야매'는 없었다. '일본에서 들어오는 과정에 변질될 수도 있겠다'는 생각으로 비슷한 단어들을 뒤져본 끝에 '야미(闇:やみ)'라는 단어를 발견해냈다.

이 단어는 어둠, 암흑이라는 뜻도 있고, 접두사로 쓰여서 '암거래, 밀거래(야미토리히키, 暗取引)'라는 뜻을 갖기도 한다. '정식이 아닌 뒷구멍으로 하는 것'의 의미. 이렇게 놓고 보면 불법 의료행위를 왜 야매라고 하는지가 분명해진다.

일제강점기를 거치면서 우리나라에는 일본어들이 많이 들어왔다. 그 잔재들은 우리 실생활 곳곳에 파고들어 아직까지 남아 있다. 하지만 그들 중 대부분이 전문용어들이며, 일반에 널리 퍼져 있는 것들은 대개 생활용품명들이다. 그런데 어떻게 이 야매라는 말은 어떻게 이토록 오랫동안 살아남을 수 있었을까?

이런저런 논문을 뒤지던 중 우리나라 치과제도 도입에 얽힌 일본과의 충돌을 찾아내게 되었다. 결론적으로 말하면 많은 민간요법들이 있었고, 나름의 치료법도 존재하고 있었다. 하지만 일제강점기에 일본 치과의사들이 우리나라에 들어오면서 그들의 부와 권력을 보장받기 위해 면허제도를 실시한다.

그리고 이 면허제도는 과거 우리가 민간에서 행해왔던 치과치료의 근본을 모두 부정하는 제도였다. 일제는 면허를 가진 그들 세력에게만 치료를 허가했다. 치료용 금도 통제했으며 치과재료도 배급제로 제한했다. 면허를 가진 의사들을 돕기 위해 취해진 조치들이었다. 그런데 이 면허제도의 도입은 비단 치과치료에만 한정된 것이 아니었다.

의학이 그랬고, 법이 그랬으며, 예술 전반이 그랬다. 새로운 문화가 들어오면서 새로운 라이선스가 대거 몰려왔고, 전통은 숨을 죽여야만 했다. 라이선스가 없으면 아무리 오래된 전통도 모두 야매가 되어야 했던 것. 이처럼 각 분야, 아니 권력이나 부를 가질 수 있는 모든 분야에서 야매가 양산되었다.

권력의 울타리, 그 밖 기타 등등이 바로 야매!

여기에 보태 일본제국주의는 '일 · 이 · 삼등 국민'하며, 우리에게 새로운 계급을 부여했다. 이 역시 면허제도에 다름 아니다. 그리고 이러한 면허제도는 그들의 헤게모니를 놓치지 않으면서 비주류의 진입까지 제어할 수 있는 효과적 수단으로 활용되었다.

그 과정에서 일제는 자신들의 기득권에 도전하는 세력이나 사람들에게 라이선스를 내보이며, 야매라는 '색깔'을 뒤집어 씌어버렸다. 그리고 이 단어를 퍼뜨려 자신들만이 주류이고 나머지 사람들은 비주류이며, 그런 비주류들이 권력이나 부에 사사로이 접근할 수 없다는 사실을 각인시켜 나갔다.

결국 일제는 전통을 깨고 새롭게 기득권을 갖는 수단으로 라이선스를 활용한 것. 라이선스를 발급하고 이를 통해 세력의 성을 높이 쌓았으며, 라이선스가 없는 사람이 밖에서 권력과 부를 쌓을 수 있는 행위를 하면 가차 없이 '야매'로 몰아 운신의 폭을 없애버렸던 것이다.

결국 많은 비주류들은 주류들이 누리는 권력과 부에 가까이 갈 수 없었고, 이를 갖기 위해서는 주류들이 발급하는 라이선스를 가져야만 했다. 하지만 주류들이 발급하는 라이선스의 기준은 자신들에게 매우 유리하도록 만들어져 있었고, 주류의 자식들은 이러한 제도를 통해 권력과 부를 세습했다.

현재의 우리 사회는 그렇지 않은가? 주류, 즉 기득권 세력들이 독점하고 있는 갖가지 라이선스는 비주류들에게 희망을 주기도 하지만, 결국 그 높은 벽과 주류세습의 사회적 구조는 많은 비주류들로 하여금 좌절하게 하고 있다.

그런데 아이러니는 성 밖, 라이선스를 갖지 못한 사람들, 즉 99%의 비주류들이 자신들을 묶고 있는 사슬인 '야매'라는 단어를 아무 거리낌 없이 사용한다는 것. 게다가 이 '야매'라는 단어를 '얼렁뚱땅', '가짜', '대충대충'의 의미로만 알고 있다는 것이다.

이런 생각 끝에 우리말사전에서 보았던 단어풀이가 번뜩 떠올랐다. '야매(野梅) : 야생매화, 들매화'. 부정적인 단어의 뜻 속에 긍정적인 의미가 포함되어 있었던 것이다. 들매화란 무엇인가? 사대부 매화의 상대어이다. 누가 심었는지, 언제 심었는지 모를 매화다.

들매화가 야매다. 야매가 왜 아름답지 않은가?

뜰 안의 매화가 '선비'라면 들판의 매화는 '민초'다. 선비는 홀로 꼿꼿하지만 민초는 서로 살을 비비며 살아간다. 고상하게 크라고 가지를 친 적도 없고, 더 높이 자라라고 거름을 준 적도 없다. 하지만 이 들매화는 집에서 고이 키운 매화와는 전혀 다른 끈질기고도 강인한 생명력을 머금고 있다.

누구의 손길도 닿지 않은 채 오래 자란 이 들매화에는 집에서 고이 키운 매화에서는 결코 찾아볼 수 없는 아름다움이 있다. 활짝 피어난 들매화 나무의 꽃은 마치 하나의 거대한 꽃다발과 같다. 자신이 겪은 온갖 풍상과 척박함을 보상받기라도 하려는 듯 세상 무엇보다 아름답게 핀다.

이젠 '야매'라는 단어를 우리 머릿속에서 바꿔내야 할 것 같다. 예전 야매는 그저 '불법' 정도로 치부해버리고, 새로운 야매는 '들매화'로 두자. 집매화와 들매화 중 어떤 매화가 더 아름다운지 순위를 매기는 일이 가당키나 한 일인가? 그 둘은 모두 아름답다. 각기 다른 아름다움이 있을 뿐이다.

그리고 그 둘의 태생적 차이는 집에 심었는지, 들에서 피어났는지 일 뿐이다. 품종도 다르지 않다. 단지 들에서 피어났다는 이유만으로 아름다운 꽃을 피울 수 없다고 치부해버리는 것은 너무 불공평하다.

하지만 많은 이유를 대며 우리는 집매화만을 찬양해왔다. 스스로 집 속에 들어가고 싶어 했다. 그렇게만 되면 더 아름다운 꽃을 피워낼 수 있을까? 둘 중 진짜는 어느 것일까? 나는 이 물음에 '들매화야말로 진짜 매화'라고 답하고 싶다.

들매화가 먼저 있었을 것이고, 그 아름다움에 반한 우리네 조상들이 그 매화를 집에 옮겨 심어 집매화가 되었을 테니 말이다. 그런데 주객이 전도되어 집매화가 진짜고, 들매화가 가짜라면 들매화들은 너무나도 억울하지 않겠는가?

집매화들 중에도 못난 매화가 있고, 들매화들 중에도 못난 매화가 있다. 문제는 집매화냐, 들매화냐가 아니다. 그것은 단지 지금 내가 서 있는 위치일 뿐, 아름다움과는 어떤 상관관계도 없다.

세찬 바람을 견뎌내기가 너무나도 힘들어 집매화를 부러워하며 사는 들매화들. 하지만 몰아치는 바람과 내리는 비를 견디고, 얼어붙은 땅 아래에서 자양분을 뽑아 올리며 자라난 우리 들매화들은 언제나 강하다. 그러니 들매화를 닮은 우리들 인생이야말로 진짜 '야매인생'이 아니겠는가?

자기경영의 시대, 진정 원하는 것은 무엇인가?

꽃은 아름다운 것이다. 아름답게 꽃을 피우는 매화라면 박수 받을 자격이 충분하다. 들매화든 집매화든 그것은 중요한 것이 아니다. 사람 손을 탄 매화는 보기 좋게 가지치기가 되어 있다. 그래서 아름다울 수는 있다. 하지만 그것은 박제인생이다.

포르말린 속에 들어 있는 매화, 사람의 손으로 만들어진 매화보다는 제 스스로 피어난 매화가 훨씬 아름답다. 아니, 남들이 박수를 치기 전에 스스로 우리들에게 박수를 보내자. 설사 아름다운 꽃을 피우지 못한다한들 또 어떠한가?

시련을 견디며 피는 강인한 생명력이면 충분하다. 지치지 않는 박동으로 세파를 견뎌나가는 것만으로도 들매화들의 삶은 충분히 아름답다. 그런 우리에게 스스로 박수를 보내자. 내가 나를 사랑하지 않는데 어찌 남이 나를 사랑하겠는가?

중요한 것은 남과 비교된 나의 모습이 아니다. 그저 나의 모습이 가장 중요한 것이다. 이 시대는 자기경영의 시대다. 이젠 남을 위해서가 아니라 나를 위해서 나를 경영해야만 한다. 그리하여 스스로 만족할 수 있는 경영을 하자. 그것이 지고지선의 가치다. 언제까지 남을 위한 인생을 살 것인가?

내가 원하는 것은 무엇인가? 그 꿈을 찾고, 꿈을 찾아가는 과정 자체가 아름답다. 그 꿈에 뿌리박고 그 꿈으로부터 자양분을 흡수하며, 지친 마음을 달래자. 그래서 꿈은 소중하다. 설사 지금까지 꿈 없는 삶을 살았다 한들 무슨 상관이겠는가? 인생은 길고, 우리는 그 인생의 어딘가를 걷고 있다.

지금이라도 꿈을 일으켜 세우면 된다. 그것이 곧 나를 일으켜 세우는 일이다. 그러니 지금까지의 길만 고집할 필요도 없다. 새로운 길을 두려워할 필요도 없다. 지금까지 내가 걸어온 길은 오롯이 나의 새로운 꿈에 힘을 보태준다. 그 길에서의 경험이 새 길에서의 지도요, 나침반이 된다는 것이다.

넓게 파지 않으면 깊게 팔 수 없다

전공이 아니라고 겁먹을 필요도 없다. 라이선스 없는 것은 더더욱 문제될 것이 없다. 이젠 라이선스로 사는 세상이 아니다. 보험영업에 라이선스가 있는가? 자동차영업에 라이선스가 있는가? 수많은 자영업자들이 라이선스로 장사를 하는가?

그렇다고 그런 일들에 전공이 따로 있는 것도 아니다. 설사 전공이 있다한들, 전공 성적대로 살아지는 인생이 아니다. 역사 시간에 달달 외운 조선왕조의 계보보다 역사 다큐멘터리 한 편이 더 도움을 줄 수 있다. 중요한 것은 나의 꿈이고, 의지다. 그리고 그에 걸맞는 노력만이 나를 그 꿈으로 인도해줄 것이다.

인생은 등나무줄기 같은 것이다. 한 가지로 곧게 뻗어 올라가는 게 아니라, 이 가지 저 가지 얽혀 줄기를 이룬다. '인생이 새끼줄처럼 꼬였다.'는 말도 있다. 하지만 걱정할 필요는 없다. 그렇게 꼬였기에 그 짧은 볏짚이 길어지는 것이다.

지난 몇 년, 혹은 몇 십 년 동안 내가 놓였던 세상에서의 경험이 새로운 꿈을 달성하기 위한 발판이 되어준다. 어느 것 하나 허투루 버릴 것은 없다. 그것이 나의 자산이다. 그러니 그 인생을 부정하지 말자. 한 가지가 끝나는 지점에서 다른 가지가 피어나기도 하고, 그 가지들은 점점 더 굵은 줄기로 나를 키워간다.

일을 해본 사람들은 안다. 언제 우리가 한 가지만 하면서 살아왔던가? 커피도 끓이고 청소도 하며, 모진 소리, 싫은 소리를 다 견뎌왔다. 그래서 우리는 인내를 배웠고, 세상의 매운 맛도 배웠다. 그것이 경험이 아니고 무엇이겠는가? 그러면서 우리는 이만큼 성장해왔다.

지우지 말자. 왜 지우고 다시 시작하는가? 마음껏 개칠하면 된다. 더 굵게 그려 가면 되는 것이다. 어디까지 갔다 해도 상관이 없다. 그것들 모두가 나에게 필요한 필수지식임을 깨닫자. 그렇다. 들매화는 제너럴리스트가 되면 그만이다.

비록 작은 것이라 하더라도 그것을 얻기 위해서는 노력이 필요하다. 어느 것 하나 기초와 기반 없이는 가능한 일이 없다. 하지만 생각해보라. 그 기초와 기반이란 결국 주변 지식들이다. 넓게 파지 않으면 깊게 팔 수 없다. 결국 높게 오르기 위해서는 넓게 배워야만 하는 것이다.

운명 따위는 뛰어넘으라고 있는 것

비록 내 시간을 돈과 맞바꾸며 허비한 일들을 위해 팔팔한 청춘을 버린 것처럼 느껴진다 해도, 그러는 사이에 우리는 어느 만큼씩 쉬지 않고 성장해왔다. 이제 그것은 나의 자산이다. 그 누구의 것도 아닌 바로 나만의 자산인 것이다.

중요한 것은 스스로가 가진 자산을 모른다는 것이다. 무시한다는 것이다. 지금 당장 짐 검사를 시작하자. 내가 매고 있는 배낭을 풀어 그 속에 든 짐들을 파악해보자. 그 속엔 담요도 있고, 여벌옷도 있으며, 비상식량도 들어 있다. 그 자산들이야말로 내가 시작할 등산의 필수품들이다.

배낭이 낡았다고, 배낭이 젖었다고 벗어던져버리면 나에겐 정말 남은 자산이 없게 된다. 남은 인생, 남은 일, 나의 꿈을 향해 오를 등산을 위해 지금껏 나의 배낭을 준비해왔다. 비록 의식하지 못한 채 살아왔다 해도 누구에게나 배낭 속엔 어느 만큼씩의 자산이 모여 있다.

그간의 삶과 일이 팍팍했고, 돌아보고 싶지 않을 만큼 지긋지긋했다 하더라도 그것을 부정하는 것은 나를 부정하는 것이다. 그것은 내 것이다. 중요한 것은 지금부터다. 그것을 짐으로 떠안느냐, 생존의 도구로 쓰느냐는 오롯이 나의 몫이다.

자산을 파악했다면, 이제 필요한 자산목록을 만들고, 더 필요한 자산들을 새롭게 모으자. 사주팔자는 믿지 말자. '차 조심해라, 물 조심해라.'에 묶여서는 산을 오를 수 없다. 인생경영이란 스스로 세파를 헤쳐 나가는 것이다.

운명 따위는 뛰어넘으라고 있는 것이다. 자신감을 잃는다면 다 잃는 것이다. 되는 놈은 계속 되고, 안 되는 놈은 계속 안 된다. 때문에 '이기는 습관'이 중요하다. 이겨본 사람은 이기는 요령을 안다. 자신감이 생긴다. 넘지 못할 산이 없다.

진정으로 필요한 것은 새로운 일이 아니라 새로운 사고다. 주류와 비주류의 경계는 물론이고, 사회 각 분야의 모든 경계가 무너져 내리고 있다. 나를 붙들고 있는 고정관념을 깨자. 나를 묶어놓은 사슬을 끊자. 꿈꾸는 만큼 보이고, 꿈꾸는 만큼만 발전할 수 있다.

그러니 더 이상 고민할 필요가 없다. 고민은 짧게, 행동은 열정적으로 해야 한다. 관전자가 아니라 참여자가 되어 실천의 깃발을 높이 세울 때, 꿈은 현실이 되어 내게로 다가온다. 나를 찾고, 나만의 성공과 나만의 행복을 찾아야 한다.

중요한 것은 나, 남의 시선을 의식하지 말자

변하지 않는 삶은 죽은 삶이다. 바람이 불면 나무는 바람에 따라 제각기 가지를 움직인다. 하지만 흔들리지 않는 가지가 있다. 그것은 죽은 나무의 가지다. 살아 있는 들매화가 되어야 한다. 그러기 위해서는 변화를 두려워해서는 안 된다.

그러는 사이 지금의 나의 위치가 흔들리지나 않을까 하는 고민이 든다면 그 고민 역시 집어던져라. 내 것을 버려야 새로운 것을 얻을 수 있다. 지킬 것도 없는 들매화 인생이 구멍 난 깡통을 차고 앉아 있어서는 결코 일어설 수가 없다. 다니는 길로만 다녀서는 성공이 없다. 새로운 길로 나서려면 몸을 가볍게 해야만 한다.

그런 준비가 모두 끝났다면 행복의 기준을 바꾸자. 성공의 기준을 바꾸라는 것이다. 천재가 아닌 한, 한계는 있기 마련이다. 기실 천재도 한계는 있다. 중요한 것은 내가 해내는 것이다. 갈 수 있는 만큼만 가면 된다는 것. 죽을 때까지 결과라는 것은 존재하지 않는다. 과정만이 존재하는 것이다.

'이 일을 통해 보람을 느끼자.'에서 결과는 무엇인가? 보람은 한 번만 느껴도 좋은 것인가? 그 일을 해나가는 과정에서 우리는 성취감도 느끼고, 행복도 느낀다. 그것이 인생에서의 성공이요, 승리가 아닌가? 물론 그러는 사이에 명예나, 지위, 혹은 돈이 따라올 수도 있다.

아니, 앞으로의 세상은 그렇게 나아갈 때 비로소 그런 전리품들도 생기게 되는 세상이다. 중요한 것은 나 자신이다. 남들의 시선이 아니다. 내가 느끼는 보람이 있고, 내가 느끼는 행복이 있다면 더 이상 남들과 비교할 필요가 없다는 것. 세속적인 성과들로 더 이상 나를 괴롭히지도 말자.

너무 조급해할 필요도 없다. 물을 아무리 끓여도 임계점이 되지 않으면 수증기가 될 수 없다. 그러니 지구력이 필요한 것이다. 인생에는 고저가 있다. 그 올라가는 길 하나에 너무 크게 웃음 짓고, 내려가는 길 하나에 너무 크게 낙담한다면 우린 한 번 내려온 길을 다시 오르기 어렵다.

'그래도 아직 경계가 너무 많다.'며 투덜대지도 말자. 그렇다. 당연히 아직 이곳저곳에 많은 경계가 존재하고 있다. 단지 그 경계가 무너져 내리고 있음을 알아두자. 관성의 법칙이 있다. 당장 멈춰 선다 해도 달려오던 가속도를 금세 이겨낼 수는 없는 노릇이다.

설사 경계가 무너져 내렸다 해도, 내가 경계 저편으로 건너가지 않는다면 아무 소용이 없다. 어쩌면 경계는 애초부터 내 가슴 속에만 있었던 것인지도 모른다. 그 경계를 무너뜨리는 힘, 뛰어넘는 일의 중심에 서자.

진심으로 원하면 이루어진다. 당당하게 나아가자

위기란 위험과 기회를 함께 일컫는 말이라고 한다. 위험이든 기회든 그것은 나에게 찾아온 계기일 뿐이다. 어떻게 그 계기를 활용하느냐에 따라 인생의 오르내림이 결정되는 것이다. 그리고 그 계기는 인생에 단 한 번, 혹은 단 몇 번 찾아오고 마는 것이 아니다.

우리 곁에는 늘 계기가 맴돌고 있다. 필요할 때 그 계기를 잡으면 되는 것이다. 몇 번쯤 실패해도 괜찮다. 실패했다고 해서 고개를 숙일 필요도 없다. 그게 도대체 무슨 죄가 된단 말인가? 실패했다면 다시 시작하면 된다. 고개를 주억거리고 있는 동안에 더 좋은 계기는 내 곁을 무심하게 스쳐지나간다.

장애를 만났을 때도 마찬가지다. 꼭 부수고 나아가야 한다는 강박관념도 버리자. 필요하다면 돌아가도 된다. 비겁한가? 폼이 나지 않아서 싫은가? 괜찮다. 우리는 들매화다. 중요한 것은 쉬지 않고 나아가는 것이다. 포기하지 않는 것이다. 그것이 진정한 도전정신이다. 대단한 장벽을 부수는 것만이 도전이요, 승리가 아니다.

'사랑해서 바라보는 것이 아니라, 바라보다보니 사랑하게 되는 것'이라는 말이 있다. 삶을 사랑하자. 그러기 위해서는 우리네 삶을 자꾸만 들여다보아야 한다. 돌아보기도 하고 내다보기도 해야 한다. 그저 닥쳐오는 대로 묵묵히 걸어가는 것만이 능사가 아니다. 의미도 부여하고, 반성도 하고, 전망도 하면서 나아가야 한다.

진심으로 원하면 효율이 생긴다. 없던 힘이 생겨난다. 그러면 기가 모인다. 기는 신바람이 되고, 이 신바람은 결국 진심으로 원하는 것을 얻게 만들어준다. 반대로, 좌절한 사람에게는 성공이 없다. 되는 놈은 뭘 해도 되고, 안 되는 놈은 뭘 해도 안 되는 것이다.

신바람을 일으키자. 들매화의 도전을 이식하자

'깨어나라. 돌진하라. 빠져나와라. 행복하라.(Turn on. Turn in. Drop out. Get well.)' 이것이 바로 '노마드적 4가지 인생원칙'이다. 신바람을 일으키자. 우리네 삶에 들매화의 도전이라는 새 줄기를 이식하자. 시련을 견디며 강인한 생명력으로 피어나는 들매화의 삶, 여기에 아름다운 상상을 더해 당당하게 나아가자. 들매화가 빼곡하게 피어나는 그 아름다운 들판에서 우리 모두 함께 만나자.

진정으로 필요한 것은
새로운 일이 아니라
새로운 사고다.

주류와 비주류의 경계는 물론이고,
사회 각 분야의 모든 경계가
무너져 내리고 있다.
나를 붙들고 있는 고정관념을 깨자.
나를 묶어놓은 사슬을 끊자.
꿈꾸는 만큼 보이고,
꿈꾸는 만큼만 발전할 수 있다.
삶을 사랑하자. 그러기 위해서는
우리네 삶을 자꾸만 들여다보아야 한다.
돌아보기도 하고 내다보기도 해야 한다.
그저 닥쳐오는 대로
묵묵히 걸어가는 것만이 능사가 아니다.
의미도 부여하고,
반성도 하고, 전망도 하면서
나아가야 한다.

3부 : 리더와 멤버, 새로운 세상을 만나다!

2장 : 통합과 협업의 시대, 산업화의 추억은 잊어라!

오랜 세월, 우리는 스스로의 운명을 천형(天刑)처럼 받아들이며 살아왔다. 아무리 열심히 해도 더 이상 나아질 것이 없다는 생각은 희망을 놓게 한다. 절망과 회의는 얼굴에서 웃음을 지운다.

'조직이 없으면 나도 없는 세상'을 살아왔던 우리. 왜 나보다 조직이 우선되어야만 했는가? 유교문화의 영향인가? 아니다. 오히려 이 문제는 산업화 과정에서 비롯된 것이다.

오랫동안 채취, 수렵과 어로로 연명하던 인류는 농경기술을 터득하게 되었다. 농업혁명이야말로 우리의 삶을 송두리째 바꾸어놓았다. 이로써 우리 인류는 날이 새면 밭에 나가 일을 하고, 날이 저물면 집으로 돌아오는 생활을 하게 된 것이다. 농업혁명의 시기에 가장 중요한 자산은 토지였다.

'땅뺏기'싸움에 바친 우리의 역사

당시의 산업체계와 지배구조는 땅을 중심으로 돌아갔다. 땅을 가진 자가 주류였고, 땅을 갖지 못한 자는 비주류였던 것. 그 시절에 비주류가 주류로 올라가는 것은 그야말로 그림의 떡이었다. 대부분 농노이거나 소작인이었을 비주류들은 늘 땅에 엎드려 살아야만 했다.

주류는 땅을 기반으로 비주류들을 장악했으며, 주류들의 거듭되는 '땅뺏기' 싸움에 비주류들은 목숨을 버려야만 했다. 그렇다고 비주류들에게 어떤 보상이 주어지는 것은 결코 아니었다. 어떠한 방법으로도 주류들의 세계에 편입될 수는 없었다. 주류들은 여기에 더해 '신'을 껴안고 세상을 호령했다.

그야말로 모든 것이 막혀 있던 시절. 피와 땀으로 얼룩진

'몸의 시대'는 이후 산업화 시대로 이어졌다. 와트의 증기기관 발명으로 시작된 산업혁명은 사람과 가축에 의해 만들어지던 동력을 기계로 대치해주었다. 게다가 교통과 통신 분야의 여러 발명은 농촌과 도시의 벽을 허물고 문화의 전파 속도를 빠르게 해주었다.

18세기 영국에서 처음 시작된 산업혁명의 발명정신은 오늘날까지도 이어지고 있다. 하지만 산업혁명 시대에도 상당수의 공정들은 사람의 손을 필요로 했고, 비주류에 대한 주류의 노동력 착취는 이어질 수밖에 없었다.

땅 대신 자본의 소유가 주류와 비주류를 갈랐던 산업화 시대. 상업적 수완을 바탕으로 주류의 반열에 오르는 비주류 계층이 없었던 것은 아니었지만, 결국 땅의 소유가 자본의 소유로 이어져 주류는 그대로 세습되었다. 오히려 산업화가 빈부차를 더욱 벌려놓은 측면이 있다고 보는 견해도 많다.

겉으로 보기에는 여러 물건이 대량으로 쏟아져 나오고 풍요로워진 것처럼 보이지만, 잘 사는 사람은 너무나 적고 대부분의 사람들은 끼니도 제대로 잇지 못할 정도로 가난한 삶을 살게 되었다. 여기에 더해 인권의식이 희박했던 당시의 상황은 우리의 노동자들과 아이들을 더욱 어렵게 만들어놓았다.

도시지역의 공업이 발달하면서 노동자의 수가 절대적으로 부족하게 되었고, 농촌지역의 농민들 중 상당수가 일자리를 찾아 도시로 몰려들게 된다. 도시에 사람들이 넘쳐나면서 범죄가 증가했고 인권을 심각하게 위협하는 분위기가 조성되었다. 주류들은 이러한 위험요소들을 빈민법으로 억압했다.

산업화의 영광 뒤에는 이처럼 비주류들의 회한이 한숨짓고 있었다. 때문에 노동자들의 권리와 이익을 스스로 보호하고자 하는 정신이 만들어지기도 했다. 마르크스에 의해 공산주의가 주창되었던 것도 이러한 배경을 가지고 있었던 것이다.

결국 마르크스-레닌주의를 기반으로 한 세력이 러시아에서 노농동맹을 결성했고, 이를 통한 사회혁명으로 사회주의국가 소련이 탄생된다. 마르크스-레닌주의는 1917년 이후 소련의 지도이념이 되었으며, 이후 우리를 150여 년 동안이나 이데올로기의 대립과 냉전 속에 갇히게 했다.

산업화 시대에는 얼마나 짧은 시간에 얼마나 효율적으로 제품을 많이 생산해내는지가 세상의 가장 큰 관심사였다. 포드는 1908년 포드자동차가 개발한 모델T 자동차의 생산과정에

1913년부터 자동 컨베이어 벨트를 이용한 대량생산 시스템을 도입했다.

그 결과 자동차 1대당 조립시간은 630분에서 93분으로 줄었으며, 자동차 가격은 2,100달러에서 825달러로 낮아졌다. 이러한 체계와 분위기 속에서 각광받은 것이 바로 3S다. 표준화(Standardization), 전문화(Specialization), 단순화(Simplification)야말로 대량화를 견인한 시대의 미덕이었다.

노동으로부터 소외되었던 우리네 비주류인생

문제는 이 3S가 노동자들에게도 크게 영향을 미쳤다는 것이다. 산업화가 가속화되면서 노동자들은 획일적 사고를 강요당했고 개인은 희생되어야만 했다. 대량생산 방식은 산업화 사회를 이끌어온 최고의 동력이었지만, 우리 비주류들은 획일화를 강요당하며 하루하루를 버텨냈던 것.

대량생산 메커니즘은 작업속도를 강제하였고, 이것은 노동자들에게 단조로운 반복을 강요했다. 때문에 대량생산 시스템은 인간을 기계화시켰다는 비판과 함께 오히려 작업능률을 저

하시켰다는 평가를 받기도 했다. 여기에 더해 1929년 뉴욕 증시가 폭락하면서 찾아온 세계 경제대공황은 산업화 사회의 문제점을 여과 없이 드러냈다.

장기 경기침체로 인한 대규모 실업 사태는 결국 소비자의 구매력을 떨어뜨렸고, 떨어진 구매력은 더 깊은 경기침체를 불러오는 악순환이 반복되었다. 경제가 어려울 때 사회의 양극화는 더욱 극심해진다. 경기침체 속에서도 미국의 경우에는 억만장자와 백만장자가 수도 없이 늘어났다.

하지만 자신의 노동력을 제공해서 생존을 이어 가던 비주류들에게 있어서는 최악의 삶이 펼쳐진다. 노동을 팔 수 있는 시장이 좁아진 것. 넘쳐나는 노동력에 비해 노동을 제공할 기회가 좁아지면서 노동자들은 길거리로 나뒹굴게 되었다.

그리고 자본가들은 노동자들의 생사여탈을 쥔 전지전능한 신이 되어버렸다. 이러한 산업화 사회의 부작용은 우리나라에서도 예외가 아니었다.

'빨간 꽃 노란 꽃 꽃밭 가득 피어도 / 하얀 나비 꽃나비 담장 위를 날아도 / 따스한 봄바람이 불고 또 불어도 / 미싱은 돌아가네, 잘도 도네. / 흰 구름 솜구름 탐스러운 애기구름 /

짧은 셔츠 짧은 치마 뜨거운 여름 / 소금땀 비지땀 흐르고 또 흘러도 / 미싱은 잘도 도네, 돌아가네.'

'노래를 찾는 사람들'이 불렀던 '사계'의 가사처럼 우리의 언니와 오빠들은 재봉틀을 돌렸고, 기계를 돌렸다. 그런 세상을 살아가는 비주류 인생들에겐 내일이 존재할 수 없었다. 비주류들은 큰 조직 속으로 들어가야 했고, 노동력을 착취당해야만 했다.

생사여탈의 권능을 쥔 전지전능의 신, 자본가들

단순노동으로 점철되어야만 했던 삶. 중소 제조업체들 역시 대형 제조업체에 예속되어 단순히 부품을 만드는 일에만 종사했다. 물론 그 원천기술은 대형 제조업체들이 소유하고 있었다. 원천기술을 가지고 있는 대형 제조업체들은 자신들의 기술을 조각조각 나누어 중소 제조업체들에게 생산하도록 했으며, 단순히 부품을 납품했던 중소 제조업체들은 매년 부품가격의 인하를 요구받아야만 했다.

그러나 그 누구도 문제의식을 갖지 않았다. 어떻게든 대형 제조업체들의 하청을 받아 그들의 손발이 되기를 자처했다. 그런 결과 대형 제조업체보다 더 높은 강도의 노동이 중소 제조업체들의 노동자들에게 전가되었다. 그러나 많은 중소 제조업체의 노동자들은 그나마 일자리를 고마워했다.

이렇게 진행되던 산업화와 대량생산의 메커니즘은 TV라는 매스미디어의 탄생과 맞물려 대량소비의 세상을 만들어낸다. 소비가 미덕이라는 풍조가 만연하게 되었고, 만들어진 물건들은 날개 돋친 듯 팔려나갔다. 제조업체들은 독점적인 지위를 휘둘러댔고, 소비자들은 비판의식 없이 그 물건들을 누렸다.

그러는 사이 주류들은 자신들의 자본을 더욱 늘려갔고, 노동자들은 획일화의 그늘 속으로 점점 더 가려지기만 했다. 이것은 모두에게 같은 생각을 강요하는 생산체계다. 아니, 아무런 생각도 갖지 못하게 하는 생산체계다.

그저 손만 놀리면 되는 노동. 그것도 한 자리에 앉아 팔을 뻗으면 닿을 수 있는 곳에 놓인 부품들을 늘 같은 동작으로 하루 종일 만지는 노동. 그것은 농사일에 비해 훨씬 편한 것이었지만 사람들의 정서를 메마르게 하는 노동이었다.

획일적이기는 하지만 매우 편리하게 물건이 생산되었다. 하지만 당시는 생산이 소비를 따라가지 못하는 상황이었고, 제조업체들은 각 분야에서 독점적인 지위를 누리며 소비자들을 휘둘러댔다. 비단 소비자들만이 아니라 유통점들도 이러한 제조업체들의 독점에 불이익을 감수할 수밖에 없었다.

불합리한 구조를 딛고 산업화를 넘다

대개의 유통점은 한 제조업체의 물건만을 독점적으로 판매하는 대리점의 형태를 띠고 있었다. 공급이 딸려 팔지 못하던 당시에는 선주문방식이 별로 놀라운 일도 아니었다. 겨울에 팔 물건들을 여름에 주문해야 했고, 필요하다면 가격도 미리 치러야 했다.

그러나 그 물건이 제때 도착하지 않아도 대리점들은 불평을 하기 어려운 것이 당시의 분위기였다. 그들은 물건이 팔리는 것과는 상관없이 들여놓은 물건의 값을 치러야 했고, 이를 치르지 못하면 부도를 감수해야만 했다.

물건을 들여놓으며 끊은 몇 개월짜리 어음은 판매와는 상관없이 몇 개월 안에 은행에 지불해야하는 '채무'를 의미했다.

그런 까닭에 예전 각 전자제품 대리점의 사장들은 월말이 가까워오면 물건들을 트럭에 싣고 세운상가로 향했다.

대리점에 들여놓았던 가격 이하로라도 물건을 팔아 어음을 메워야했던 것. 그래서 세운상가는 대리점보다 훨씬 싼 가격에 물건을 팔 수 있었다. 이런 현상은 비단 전자제품에서만 나타났던 것이 아니다. 거의 대부분의 업종들에서 이런 현상들이 속출했다.

대기업이 중소제조업체들, 아니 하청업체들에게 지불해야할 부품가격이나 용역대금을 물건으로 주는 경우도 흔한 일이었다. 대금 전체는 아니더라도, 대금 일부를 물건으로 지불하는 현상은 나라 안 구석구석에서 얼마든지 찾아볼 수 있었다.

이처럼 지금까지의 시대는 토지, 자본, 노동 없이는 그 어떤 것도 해내기 어려웠던 것이 사실이다. 그래서 많은 비주류들은 토지, 자본을 많이 확보하고 있는 주류들에게 기대 노동을 제공하면서 살아왔다. 그것이 바로 대기업 선호를 낳고 조직안돈주의를 낳았던 것이다.

설사 과실이 달지 않다 할지라도 그런 과실을 줄 수 있는 조직은 우리를 먹여 살렸으며, 조직원들은 그 조직에 충성을 다했다. 주류들, 즉 자본가들과 권력자들은 조직원들의 충성을 누리며 살아왔다. 그들의 가족, 소위 로열패밀리들 역시 그런 수혜를 함께 누렸다.

이러한 사회는 먹이사슬을 낳는다. 먹이사슬의 위에는 늘 조직이 자리를 차지하고, 그 맨 아래에는 비주류 인생이 있었다. 조직 중에서도 가장 큰 조직이 먹이사슬의 맨 위에 자리를 잡고, 비주류 인생들 중에서도 가장 힘없는 비주류들이 맨 아래를 차지했다.

조직주의의 벽이 무너진 세상, 무엇으로 살까?

바로 이것이 조직주의 사회, 조직안돈주의를 낳은 산업화의 본 모습이다. 그래서 사람들은 대기업 직원이 되기를 염원하고, 공무원이 되기를 염원했다. 주류의 언저리, 저 끄트머리에 서라도 그들에게 기대어 삶을 영위하고자 했던 것이다.

이런 습성은 비주류 인생들에게 화석처럼 남아 있다. 큰 조직을 선호하고, 그 조직에만 들어가면 평생 먹고 살 수 있을 것이라는 환상이 머릿속 깊이 남아 버린 것. 직업에 귀천이 없다는 말이 있다. 직업에는 귀천이 없어졌는지 모르겠지만 직장에는 귀천이 엄존하고 있다.

똑같은 기술자라도 대기업이냐, 중소기업이냐에 따라 등급이 달라진다. 똑같은 경리도 대기업이냐, 중소기업이냐에 따라 달리 본다. 이것이 바로 조직안돈주의다. 이미 기술자임에도 불구하고, 더 큰 기업의 기술자가 되기를 열망한다.

이제 현실에서는 그런 벽이 무너지고 있다. 조직만 믿고 있어서는 더 이상 생존할 수 없는 세상이 코앞에 닥쳤다. 정보의 흐름이 달라진 것 못지않게 우리 생활을 변화시킨 것은 디지털 산업이다. 그리고 우리는 이 편리한 문명의 이기들을 이용해서 얼마든지 꿈을 펼쳐갈 수 있는 세상을 살게 되었다.

좋은 영상물을 만들고 싶어 하는 젊은이가 있다 치자. 20년 전만 하더라도 방송국이 아니면 안 되었다. 여의도의 세 공룡이 영상을 독식했기 때문이다. 모든 프로그램은 자체 제작되었고, 방송국에서가 아니면 그 누구도 영상을 만들 수 없었던 것이다.

프로덕션들에 의한 외주제작이 시작되고 케이블TV가 나왔지만 그 또한 누구나 영상제작을 할 수 있는 세상을 의미하는 것은 아니었다. 그저 영상의 영역이 조금 더 넓어진 것에 불과했다. 개인이 이런 프로그램을 제작하기까지는 또 얼마간의 시간이 필요했던 것이다.

자본의 위력을 꺾어준 디지털 산업의 세상

비싼 기자재들은 물론이고 방송국이 독점한 전파 또한 개인의 프로그램 제작과 방영을 막고 있었다. 방송국을 통하지 않고는 어떤 영상도 내보낼 수 없었다. 따라서 개인의 영상제작은 꿈도 꾸기 어려운 요원한 미래일 뿐이었다.

이런 이유로 영상에 관심이 있는 사람이라면 방송국 입사에 목숨을 걸었고, 그러지 못한 사람들은 쓸쓸히 꿈을 접어야만 했다. 하지만 지금은 다르다. 몇 백만 원 정도의 기자재만으로도 영상콘텐츠를 만들 수 있는 세상이다.

몇 십만 원짜리 캠코더나 심지어 핸드폰으로도 동영상이 찍힌다. 녹음설비는 물론이거니와 편집장비도 컴퓨터를 이용해서 해결할 수 있다. 몇 시간짜리 콘텐츠는 물론이고, 몇 부작의 콘텐츠도 마음만 먹으면 얼마든지 만들어낼 수 있다.

그뿐만이 아니다. 이렇게 만든 콘텐츠를 인터넷에 올리면 많은 사람들과 얼마든지 나눠볼 수 있다. 이젠 방송국이 정한 시험을 거치지 않고도 '입봉'이 가능한 것. 연출자도 될 수 있고, 기획자도 될 수 있으며, 배우가 될 수도 있다. 물론 이 모든 것들을 혼자서 할 수도 있는 것이 지금의 세상이다.

이것을 가능케 한 것이 인터넷 산업이다. 여기에 더해 웹 2.0을 기반으로 하는 세상은 우리에게 보다 넓은 기회를 제공하고 있다. 1969년 UCLA의 대학원생이었던 서프와 스티븐 크로커가 만든 최초의 인터넷은 단 두 대의 컴퓨터가 연결되는 것으로 완성되었다. 그리고 이렇게 시작된 인터넷은 끊임없이 확장되어 결국 웹2.0의 시대를 열어젖혔다.

이제 자본이 없어 안 된다는 말은 말자. 조직이 없어 안 된다고도 말하지 말자. 마음만 먹으면 혼자서도 해낼 수 있는 세상이다. 특별한 기술 없이도 얼마든지 가능하다.

물론 그렇다고 해서 누구나 영상콘텐츠로 성공할 수 있는 것은 아니다. 남들이 갖지 못한 창의적 지식으로 시청자들이 원하는 것을 제대로 만들어낼 수 있는 사람만이 성공을 약속받을 수 있다. 그것을 해결하기 위한 정보, 기술, 관계의 수혜가 디지털 산업과 웹2.0을 기반으로 우리에게 쏟아져 내리고 있는 것이다.

이런저런 것들을 눈으로 보면서 소비자들의 욕구는 점차 다양해졌다. 대량생산 시스템으로는 더 이상 소비자들의 욕구를 충족시킬 수 없게 되었던 것. 이러한 경향은 탈산업화와 탈대량화를 불러왔고, 다품종 소량 생산과 기술집약적 산업의 비약적 발전을 초래했다.

우리 앞에 놓인 새로운 패러다임, 지식기반사회

앨빈 토플러는 1980년 그의 저서를 통해 '제3의 물결'을 소개한 바 있다. 인류는 농경기술을 발견한 이래 1만 년의 '제1의 물결'을 지나, 산업혁명에 의한 기술혁신으로 300년 동안 '제2의 물결'을 경험했다는 것이다. 그리고 이제는 고도로 발달한 과학기술에 의해 '제3의 물결'이라 불리는 미증유의 대변혁을 맞이하였다는 것.

'제3의 물결'은 정보혁명을 바탕으로 한 일명 정보화 시대다. 정보혁명을 바탕으로 한 '제3의 물결'은 인류의 삶을 근본적으로 바꾸어 놓고 있다. 미국 실리콘밸리의 공장은 공원처럼 아름다운 정원을 가지고 있다. 근로자들은 유니폼을 입지 않으며 자유로운 복장에, 근무시간도 신축적이다.

농경시대에 가정과 밭에서 작업하던 인류가, 산업화시대를 맞아서는 공장과 사무실로 자리를 옮겼다. 하지만 '제3의 물결'에 의해 사람들의 근무지는 다시금 가정으로 회귀하고 있다. 현대의 발전된 과학기술로 인류는 이미 '제3의 물결'에 익숙해져 있다.

인공위성, 컴퓨터, 레이저 등의 신기술이 우리의 생활환경을 바꾸어 놓았고, 인간관계까지 변화시켰다. 이처럼 정보혁명은 이미 우리의 일상이 되어버렸다. '1980년대'의 미래였던 '2000년대'는 오래전에 현실이 되어 우리 곁에 있다.

미래는 끊임없이 변한다. 정보화 시대는 세계화 시대를 동반했고, 이제 우리는 정보화의 기반 하에서 좋든 싫든 세계화를 경험하고 있다. 그리고 이러한 세상은 다시금 디지털과 웹 2.0을 기반으로 한 지식기반사회를 일궈냈다.

이것은 단순히 산업화나 기술의 퇴조만을 의미하는 것이 아니다. 오히려 주류와 비주류의 경계를 완전히 허물어버렸다는 데에 더 큰 의미를 갖는다. 그리고 우리 앞에 놓인 지식기반 사회야말로 주류와 비주류의 새로운 편성을 예고하는 획기적인 전기가 되어주고 있는 것이다.

디지털 산업은 이미 여러 면에서 사람들의 삶을 편리하게 바꾸어 놓았다. 하지만 생활보다 더 큰 변화는 각 산업부문에서 찾아볼 수 있다. 거의 모든 산업분야가 디지털의 영향력을 흡인하고 있는 것. 생산, 영업, 관리 전 부문이 컴퓨터에 장착된 솔루션으로 가동되며, 갖가지 공학분야 역시 컴퓨터가 없으면 가동이 멎는다.

가장 크게 변화한 것이 정보의 흐름이다. 정보가 권력과 자본에 의해 독점되던 시절이 있었다. 불과 20여 년 전만 하더라도 각 기업들의 자료실 규모는 그 기업이 가진 가치의 양과 비례했다. 작은 통계 하나를 얻기 위해서도 '빽'과 '줄'이 필요했고, 도서관 없이는 어떤 자료도 쉽게 얻어낼 수 없었다.

정보의 독점이 깨져버린 세상, 정보는 꽃이다

정보를 수집하고 생산하기 위해 엄청난 사람들과 돈이 동원

되곤 했다. 정보업무야말로 각 조직에게 있어 가장 중요한 업무로 취급되었다. 하지만 지금은 어떠한가? 주류들만이 독점하던 고급정보들도 인터넷에 둥둥 떠다니고 있다.

데이터 마이닝 능력만 갖추면 집이 곧 국립도서관이 되는 세상이다. 아니 그 많은 책보다 더욱 우리의 창의성을 돋우는 숱한 아이디어들이 인터넷을 부유하고 있다. 누구나 각종 정보를 평등하게 열어볼 수 있는 세상이 찾아온 것이다.

문제는 어떤 정보를 구하느냐, 그 정보를 어떻게 자신에게 필요한 것으로 가공하느냐, 그 정보를 활용해서 무엇을 할 것이냐이다. 그 속엔 그저 정보가 있을 뿐이고, 그 정보를 활용하는 것은 오로지 개인에게 달린 문제로 던져진 것이다.

무한 확장된 정보망은 우리의 아름다운 상상을 돕는다. 이처럼 세상을 바꿔놓은 것에는 웹2.0의 공이 매우 크다. 확장에 확장을 거듭한 인터넷. 그 확장 속도는 도무지 통제가 불가능한 것으로 보이기까지 했다. 하지만 이처럼 무질서해 보이는 인터넷이 나름대로 질서를 갖추며 유지되고 있는 이유는 개방, 참여, 공유에 기반을 둔 이른바 자율성 때문이다.

인터넷의 발전은 단순히 정보를 나누는 것에 그치지 않고,

마음을 나누는 데까지 활용되고 있다. 자기만 알고 있겠다고 꼭꼭 감추었던 시대에서 스스로를 드러내는 참여와 공유의 정신이 덧보태져 웹2.0이라는 새로운 문화를 만들어낸 것.

웹2.0의 정신이 통합의 시대를 만나다

이런 정신은 시대를 바꾸는 데도 기여했다. 웹2.0은 기존의 질서를 붕괴한 선봉장이었다. 웹은 앞으로도 더욱 쉬워질 것이고, 사람들은 더 쉽게 자신이 알고 있는 지식과 경험, 정보를 웹에 올릴 것이다. 공유하는 정보의 형태도 글에서 그림, 동영상, 지도, 경험, 즐겨찾기, 인맥 등으로 점차 다양해져가고 있다. 이를 통해 개인의 영향력은 더욱 커지고 있다.

그러나 쉬운 웹은 단지 인터넷 생활을 편리하게 만드는 데에 그치지 않는다. 과거에는 중앙기관과 자본가를 중심으로 독점되었던 정보와 권력이 점차 분산되고 있다. 정보의 독점을 막고 권력의 독점을 막는 민주주의 구현의 기초를 제공하고 있는 것이다. 향후에는 그 경계가 완전히 없어질 것이다. 부패와 비리들도 웹을 통해 만천하에 공개될 수 있다.

이처럼 사회 전반에 걸쳐 광범위하게 기존질서의 붕괴가 가시화되고 있다. 이것은 모두 개방, 참여, 공유라는 웹2.0 정신에 의한 것이다. 이런 웹2.0 정신은 통합의 시대와 만나 새로운 역사를 열어가고 있다. 누구나 미디어고, 그 누군가가 내뱉은 말은 삽시간에 전 세계를 휩쓴다.

대량생산의 시대가 저물면서 통합과 협업이라는 키워드가 세상을 점령해가고 있다. 결국 이 통합과 협업 역시 개방, 참여, 공유의 정신 속에서 얻어진 산물이라 하겠다. 통합의 능력이야말로 실행력을 담보하는 매우 중요한 요소다. 자신의 능력을 통합하는 것은 물론, 남들이 가지고 있는 능력을 통합하는 데에서 지식은 시너지를 갖는다.

그리고 우리는 그것을 이루기 위해 협업한다. 협업과 분업은 근본적으로 다른 것이다. 하나의 머리와 천 개의 손발이 움직이던 시대에서 천 개의 머리와 천 개의 손발이 함께하는 시대로 전환되고 있다는 것. 이러한 변화는 기존 대기업과 하청기업 관계를 기술기업과 통합기업의 관계로 변화시켰다. 상호간의 관계 또한 보다 신뢰할 수 있는 협력관계로 전이된다.

개인에게 있어서도 통합과 협업의 능력은 매우 중요하다.

각각의 전문분야에서 일하는 사람들이 각기 가지고 있는 핵심 지식을 가지고 하나로 모일 때 시너지가 생긴다는 것. 이것은 사람들이 모인 후 각자의 일을 나눠가지는 분업과는 차원이 다르다.

대-중소기업은 가고, 통합과 협업만이 남는다

한 분야에서 자신의 전문지식을 쌓아온 사람들이 협업에 의해 새로운 장, 즉 한 단계 업그레이드된 무엇을 위해 통합하는 것이다. 각기 다른 지식이 만나 새로운 지식으로 통합되는 것이야말로 지식기반사회에서 가장 바람직한 지식생성의 형태다. 지식기반사회에서 통합과 협업의 중요성이 강조되는 것 또한 바로 이러한 이유에서이다.

수많은 일인기업이 탄생하고, 소호가 판을 친다. 조직에 의존해서 먹고살아야만 했던 세상을 비웃기라도 하듯 말이다. 그렇다. 지금은 지식기반사회다. 창의적 지식이 어떤 생산요소보다도 큰 부가가치를 창출한다. 그리고 이런 지식들이야말로 우리에게 경제적, 사회적, 문화적 풍요를 가져다주고 있다.

분업은 산업화를 대표하는 효율도구였다.
3S, 즉 표준화, 전문화, 단순화 역시 그렇다.
우리는 그간 주류중심 문화 속에서 살아왔다.
그렇다. 조직안돈주의는 그렇게 생겨났다.
하지만 지금은

지식 기반 사회다.

협업과 분업은 근본적 차이를 가지고 있다.
한 사람이 주도권을 쥐고
일을 나누는 것이 분업이라면
각자의 역할이 모여 통합된 구조로
문제를 해결하는 것,

바로 그것이 협업이다.

피와 땀으로 얼룩진 '몸의 시대',
천박하고도 비열한 '돈의 시대'가 가고,
창의성으로 빛나는 '두뇌의 시대'가
찾아왔다.

3부 : 리더와 멤버, 새로운 세상을 만나다!

3장 : 지식기반사회의 창의적 소통, 문제를 해결하라!

자본에 의한 하드웨어 중심의 사고와 성과는 디지털 세상에서는 더 이상 설 자리가 없다. 아름다운 상상이 누구에게나 현실이 되는 세상, 이러한 패러다임을 통칭해 부르는 이름이 바로 지식기반사회다.

이제야 비로소 피와 땀으로 얼룩진 '몸의 시대', 천박하고도 비열한 '돈의 시대'가 가고, 창의성으로 빛나는 '두뇌의 시대'가 찾아온 것이다. 이젠 세계가 지식을 무기로 싸우는 '지식의 전장'에 나서고 있다.

예전에는 매출액이나 순이익, 금융자산이나 시장점유율 같은 지표로 기업을 평가해왔다. 하지만 지식기반사회에서는 핵심지식을 포함한 지식자본이 기업의 경쟁력과 가치에 더 큰 영향을 미친다.

보유하고 있는 지식과 잠재적 지식이 크면 기업가치도 함께 커지는 세상. 이러한 지식기반사회는 독점을 허용하지 않는다. 한 사람의 지식과 수천, 수만 사람들의 '손으로 생산해내던 시대'가 막을 내리고 있는 것이다. 여러 사람의 지식이 모여야만 더욱 큰 지식, 더욱 성공적인 산업이 일궈지는 구조다.

창의적 지식만이 들매화 인생을 꽃피운다

그렇다면 여기서 말하는 지식이란 무엇일까? 학교에서 열심히 공부만 하면 얻을 수 있는 지식인가? 가뜩이나 사교육이다 뭐다해서 공부가 쌓일 만큼 쌓였는데 여기서 뭘 더 어떻게 공부하란 말인가?

아니다. 지식기반사회에서의 지식이란 지금까지 조상들이

쌓아놓은 지식을 잘 이해하고 달달 외워서 앵무새처럼 말하게 하는 그런 지식이 아니다. 형식에 얽매이고, 절차를 중요하게 생각하는 주입식 교육과 암기식 교육은 그야말로 죽은 지식이기 때문이다.

새로운 세상은 살아 있는 지식을 요구하고 있다. 이 살아 있는 지식이란 다름 아닌 창의적 지식이다. 이젠 창의적 지식만 있으면 토지는 물론이요, 자본이 없어도 얼마든지 성공할 수 있는 길이 열린 것이다. 피터 드러커는 '과거 노동과 자원이 없는 나라가 발전하지 못했듯 오늘날에는 지식이 없는 국가나 사회는 망할 것'이라고 단언했다.

창의적인 정신과 지식만이 우리로 하여금 원하는 세상을 가질 수 있도록 한다. 그 어떤 장애물도 건너 뛰어 진정 자신이 원하는 곳으로 옮겨갈 수 있게 해준 지식기반사회. 이 새로운 패러다임은 주류들도 창의적 정신을 갖지 못하면 언제든지 자리에서 내려와야만 하는 새로운 역사를 증명해가고 있다.

'창의적 지식'이 각광받는 사회다. 문제해결능력이 있는 사람이 높은 평가를 받는 세상이 펼쳐졌다. 여기서 말하는 지식이란 남들이 만들어놓은 지식을 달달 암기하는 '죽은 지식'이 아니다. 앞으로 나아가는 지식이다. 새롭게 만들어낸 지식이다. 그리고 그것은 '살아있는 지식'이다.

그러므로 영어몰입교육보다 더 중요한 것이 바로 창의성을 키워주는 교육이다. 하지만 지금처럼 경쟁을 우선하는 교육환경 속에서는 창의성 교육이 불가능하다. 이제 획일적 교육으로부터 벗어나자.

비단 학생들만의 문제가 아니다. 이미 일을 하고 있는 들매화인생들 역시 오래 전에 받았던 획일적 교육의 굴레로부터 벗어나야만 한다. 우리의 일 전반에 깔려 있는 고정관념으로부터 벗어나야만 한다.

죽은 지식은 책에서, 살아 있는 지식은 사고에서

모든 일, 모든 문제에 대해 다시 한 번 생각해봐야만 한다. 그런 과정에서 문제해결능력이 키워진다. 그렇다면 죽은 지식과 살아 있는 지식은 궁극적으로 어떤 차이가 있는가? 애초에 모든 지식은 살아 있는 것이었다. 하지만 그 지식이 만든 이로부터 알게 된 이의 것으로 넘어가면 얘기가 달라진다.

지식을 갖게 된 이가 그것을 무비판적으로 수용하거나, 혹은 판단에 의해 수용했다 하더라도 시간이 지난 후 그것을 그저 습관적으로 영구기억으로부터 꺼내 썼다고 하자. 그렇다면 그것은 죽은 지식이다. 살아있는 지식은 '사고'라는 통합적 내부소통을 거쳤을 때 비로소 만들어진다.

이것을 이해하기 위해서는 먼저 지식과 사고력에 대해 이해해야만 한다. 사고력이 그릇이라면 지식은 내용물이며, 지식이 정보의 기억에 불과하다면 사고력은 지식을 활용하는 생각의 틀이라 할 수 있다.

사고력에는 언어·수리·논리 등 좌뇌적 사고력과 관찰·공간지각·연상 등 우뇌적 사고력, 그리고 좌뇌와 우뇌의 작동을 동시에 요하는 추론 등 다양한 영역이 있다. 이러한 영역들이 뇌 속에서 동시적이고도 통합적으로 작용되어 일으키는 내부소통이 바로 사고다.

'사고력을 통해 문제를 해결하려 하는가? 아니면 기존의 방식, 혹은 정보를 기반으로 문제를 해결하려 하는가?'가 판단기준이다. 전자의 경우는 살아 있는 지식으로 향하는 과정이고, 후자의 경우는 죽은 지식을 활용하는 경우다.

그렇다면 사고력을 활용하는 창의적 정신과 지식은 어떻게 만들어지고 발현되는가? 그것은 문제인식, 문제파악에서부터 시작된다. '별 문제 없다.'는 생각이 창의성을 막는다. '필요는 발명의 어버이다.'라는 말이 있다.

일이란 문제를 발견하고 해결해가는 과정이다

어떤 일의 문제가 무엇인지를 찾는 노력이 문제해결 의지다. 이를 바탕으로 문제를 파악하고 나면 문제해결을 통해 얻고자하는 목표를 결정해야 한다. 그리고 목표 달성을 위한 수단과 방법을 찾아내고, 그러한 과정 속에서 과제 해결은 물론 새로운 전망이 세워지게 된다.

어떤 이는 이러한 과정을 '문제의 이해, 아이디어 도출, 행동계획 및 실행'의 3단계로 말하기도 하고, '목표발견, 사실발견, 문제발견, 아이디어발견, 해결책발견, 수용안발견'의 6단계로 말하기도 하며, '문제의 정의, 해결책의 도출, 행동방침의 결정, 해결책의 실행, 해결책의 평가' 등 5단계로 나누어 말하기도 한다.

그리고 이러한 과정의 수행을 통해 문제를 해결하는 능력을 문제해결능력이라 부른다. 일단 일을 시작하면 가장 중요한 것이 문제해결능력이다. 문제해결능력이란 우리가 살아가면서 겪는 모든 분야의 모든 일이다.

분석적으로 사고하는 능력, 머릿속 아이디어들을 구조적으로 정리하는 습관, 불확실한 상황 앞에서 차근차근 해결점을 더듬어 찾아가는 지구력, 주어진 상황을 경제적인 관점에서 이해하는 능력 등이 바로 문제해결능력의 기본이다.

우리가 부딪히는 모든 일을 하나의 문제로 바꾸어보자. 농장이 야생동물들로부터 자주 습격 받는다. 어떻게 할 것인가? 만들어놓은 신제품이 잘 팔리지 않는다. 어떻게 할 것인가? 제품을 생산하는데 자꾸 불량이 발생한다. 어떻게 할 것인가? 이런 모든 것들을 문제로 보고 그것들을 해결하는 능력이 문제해결능력이다. 문제를 해결하기 위해서는 어떤 노력이 필요한가?

첫째, 남의 얘기를 잘 들어야 한다. 상황을 제대로 파악해야 한다는 것과도 일맥상통한다. 대개는 남의 이야기 속에 문제의 해답이 있다. 문제해결과 직접적 관련이 없는 사건이나 사물의 핵심을 파악하는 훈련도 도움이 된다. 그런 훈련들을 통해 자신의 문제해결능력이 키워진다는 것이다.

둘째, 문제를 구조화시켜야 한다. 문제가 실타래처럼 엉켜서 도저히 해결책이 보이지 않을 때 당신은 어떻게 해결하는가? '네가 이기나, 내가 이기나 보자.'는 식으로 문제 덩어리를 붙잡고 씨름하는가? 그것은 현명한 방법이 아니다. 시간이 지날수록 결국 문제의 늪 속으로 빠져들게 될 뿐이다. 문제에 접근하는 가장 효과적인 방법은 문제를 조각조각으로 나누어 구조를 살피는 것이다.

연관성을 파악하는 것이 문제해결의 방향키

이처럼 구조를 살피다보면 문제의 본질을 제대로 이해하게 된다. 이런 구조화는 문제를 남들에게 설명하기 위해서라도 꼭 필요한 스킬이다. 보통 우리는 생각을 구조적으로 유형화하는 데 익숙하지 않다. 처음에는 여기저기 흩어져 있는 생각을 모아 벽을 쌓고 천장을 올리는 일이 꽤 힘들 것이다.

그러나 이렇게 논리의 체계를 잡아 사고하는 버릇을 들이기 시작하면 문제를 바라보는 시각이 발달하게 된다. 그리하여 실타래 모양으로 엉켜 있는 문제들도 차곡차곡 질서정연하게 도표로 풀어나갈 수 있는 능력이 생기게 된다. 그리고 그 구조 속 어느 부분에 문제가 있는지도 파악하게 된다.

셋째, 경험을 빌려야 한다. 쌓아놓은 데이터베이스는 일을 단축시킨다. 넷째, 멀리서 전체그림을 살펴보아야 한다. 일에 매몰되어서는 전체 균형을 보기 어려울 때가 많다. 구조화시키는 것만큼 중요한 것이, 조각조각의 그림들을 큰 그림으로 이해하는 능력이다.

문제의 한 부분에 몰두하다보면 그 속에 점점 빠져들어 전체를 놓치기 쉽다. 지금 하고 있는 이 일이 문제를 푸는 데 어떤 연관이 있으며, 과연 얼마나 중요한 것인지에 대한 감각을 잃어버리게 된다는 것이다. 가끔은 문제해결 과정에서 손을 놓고, 한 걸음 뒤로 물러서 객관적으로 전체를 살펴보기도 해야 한다.

이런 과정을 통해 이 일의 최종목적이 무엇인지, 내가 하고 있는 일이 문제해결에 얼마나 결정적인 도움이 되는지, 어떤 것이 더 중요하고 어떤 것은 나중으로 미뤄도 되는지 등이 밝

혀진다. 이렇게 멀리서 전체적인 그림을 살피고, 그 안의 부분적인 것들의 연관성을 파악하는 것이야말로 바로 문제해결의 방향키가 된다.

이러한 과정을 보다 창의적으로 수행해낼 때 비로소 창의적 지식이 만들어지게 되는 것이다. 그리고 이러한 과정이 축적되면 보다 창의적인 정신을 덤으로 얻을 수 있다. 하던 대로 하는 것에서 벗어나게 해준다는 것이다. 이를 통해 우리는 최적화된 답에 이를 수 있다.

정답은 없다. 최적화된 답만 있을 뿐

어떤 일에든 정답은 없다. 오늘까지는 정답이었다 하더라도 내일이면 오답이 될 수도 있다. 우리가 찾고자 하는 것은 이 시대와 대상이 요구하는 최적화된 답일 뿐이다. 그러므로 우리는 움직이는 이 '최적화된 답'을 매번 찾아 나서야만 한다.

이렇게 해서 완성되는 것이 창의적 문제해결이요, 이런 능력이 창의적 문제해결능력이다. 창의적 문제해결은 어떤 문제를 해결하기 위한 창의적 해결법을 만들어내는 정신적 과정이다. 창의적 문제해결에 창의성이 필요한 것은 사실이지만, 창의성만으로 창의적 문제해결을 할 수는 없다.

창의성은 만들어진 것의 새로움이나 독창성을 기본으로 하지만 그렇게 만들어진 가치가 다른 사람들이 평가하는 가치에 꼭 적합한 것은 아닐 수 있기 때문이다. 즉 창의적이긴 하지만 문제해결을 할 수 없다면 그것은 창의적 문제해결이 아니라는 것.

하지만 창의적이지 못한 문제해결은 퇴로가 없다. 같은 문제를 반복할 뿐 해결하지 못한다는 것. 그래서 창의성이 주목받고 있다. 어떤 아이디어도 나쁜 아이디어는 아니다. 어떤 질문도 어리석은 질문이 아니다. 나의 아이디어만 좋은 아이디어가 아니다. 어디가 생각의 끝인지를 확인해야만 한다.

우리는 주입식 교육에 익숙한 사람들이다. 때문에 창의력이 부족하다는 말을 스스로도 많이 한다. 과연 그러한가? 그렇다면 그것은 매우 큰 문제다. 사고의 습관은 행동의 습관보다 뜯어고치기가 더 힘든 것이기 때문이다. 어떻게 창의력을 키워나갈 수 있는가? 그것은 고정관념을 깨는 것에서 시작된다. '틀에서 벗어나라.'는 것이다.

자신에게 익숙하지 않은 문제를 대하면 앞이 막막해서 아무 생각이 떠오르지 않을 수도 있다. 문제해결능력을 길러야 한다. 평소에 다양한 가능성에 대해 생각해보고 창의적으로 문제를 해결하는 법을 훈련했더라면 그저 '모른다.'고만 말하지는 않을 것이다.

이 세상에 아이디어가 없는 사람은 없다. 단지 상황에 대해 깊이 생각하고 창의적으로 생각을 이끌어내려는 노력이 부족할 뿐이다. 조금만 창의력을 발휘하여 살펴보면 이곳저곳에 숨겨진 아이디어들의 창고를 발견할 수 있다. 항상 주어진 업무를 습관처럼 '무사히' 마치는 데에만 만족해서는 안 된다. 한 발짝 더 나아가 새로운 아이디어를 모색하는 노력을 기울여야만 한다.

기존의 질서에서 벗어나, 새 길을 내자

우리는 오랫동안 경험을 중시하는 사회 속에서 살아왔다. 모든 일에 격식과 체면이 있고, 그것으로부터 벗어나면 큰일이라도 일어날 것처럼 기존의 질서에 사로잡힌 채 살아온 것이다. 이젠 그 틀에서 벗어나야만 한다.

어떤 행사를 기획하게 되었다고 하자. 대개의 사람들은 이럴 경우 어떻게 하는가? 작년에 했던 행사가 어떻게 진행되었는지를 확인하려고 한다. 우리 조직에서 처음 하는 행사라면 다른 조직들이 어떻게 했는지를 확인하려고 한다. 확인한 뒤엔 그대로 따라하려는 경우가 대부분이다.

그러나 그래서는 작년만큼의 성과도, 다른 조직이 얻은 만큼의 성과도 얻기 어렵다. 어떤 일이 주어졌다면 일을 시작하기 전에, 자료를 찾기 전에 먼저 이런 의문을 가져보자. 이 일은 왜 할까? 이 일은 어떻게 해야 성공하는 것일까? 그 의문들에 대한 답을 얻기도 전에 습관적으로 일을 추진하는 사람에게는 성공이 깃들지 않는다.

뒤집어 생각하는 습관도 중요하다. 만약 이게 아니라 다른 경우라면? 설사 주어진 상황이 순조롭게 진행되고 있더라도 역발상의 시나리오를 연습해보는 일은 중요하다. 문제를 다른 관점에서 바라보면 놓치고 지나간 함정을 발견할 수도 있다.

이러한 역발상 훈련은 스스로 창의적인 질문을 던져봄으로써 문제를 새롭게 정의하는 기회가 된다. 그리하여 어떤 경우에는 주어진 문제가 진짜 이슈가 아니라 그 배경에 더 중요한 다른 이슈가 숨어 있다는 사실을 깨닫게 되기도 하는 것이다. 정해진 범주를 벗어나 좀 더 사고의 영역을 확장하는 연습을 해보아야만 한다.

그리고 이러한 창의성은 여러 사람의 사고로부터 보다 쉽게 얻어질 수 있다. 통합과 통섭이 중요시되는 세상에서 한 가지 줄기로 수렴만을 거듭해서는 창의적이기 쉽지 않다. 생각의 갈래를 더욱 넓히고, 여러 가지 분야의 지식을 모아야만 문제를 해결하는 기반을 얻을 수 있다.

어떤 나무말뚝이 당신을 구속하고 있는가?

따라서 협업의 중요성은 새로운 시대를 맞아 더욱 부각되고 있으며, 특히 창의성을 발현하기 위해 협업이 더욱 중요한 요소로 강조되고 있는 것이다. 그리고 그 협업의 중심에 리더가 있다. 새로운 리더십의 자리는 바로 그곳이다.

벽이 있으면 갑갑하다가도 벽이 사라지면 허전함을 느끼게 된다. 그것 역시 오랜 정주가 준 '정주습성'이다. 왠지 목표가 없어진 것도 같다. 그것이 개방사회다.

코끼리는 어린 시절 크고 단단한 쇠말뚝에 발을 묶인 채 자란다. 코끼리는 쇠말뚝으로부터 벗어나기 위해 온갖 노력을 다해보지만 쇠말뚝은 꼼짝도 하지 않는다. 결국 포기하고 마는 코끼리. 그렇게 자란 코끼리는 덩치가 한참이나 커버린 뒤에도 말뚝에 구속당하고 만다. 말뚝에 묶이기만 하면 스스로의 자유를 포기하게 되는 것.

납치되어 오랫동안 인질생활을 한 사람은 자신이 범인으로부터 벗어날 수 없을 것이라고 체념하게 된다. 그래서 탈출을 포기하고 적응해 간다. 때문에 기회가 생겨도 문을 박차고 탈출하지 못한다. 시간이 더 경과하거나 특수한 상황이 설정되면 인질이 범인에게 동화되는 현상도 나타난다고 한다. 이것이 바로 '스톡홀롬 신드롬'이다.

어쩌면 우리 들매화 인생들도 주류의 사고에 길들여졌는지 모른다. 아니, 그들과 동화되어 이미 스톡홀롬 신드롬에 빠져 있는지 모른다. 어느 만큼의 적응기간이 필요할 수도 있다. 하지만 사회의 변화는 우리의 적응을 기다려주지 않는다.

일등주의는 주류들이 들매화를 향해 흔들어대는 신기루 깃

발에 불과하다. 일등을 하는 것으로 비주류가 주류를 뒤쫓으려할 때 주류들은 이미 그 일등이라는 껍데기를 벗어놓고 저 멀리 내달린 뒤다. 획일적 교육으로는 새로운 시대를 열 수 없다.

지식이 돈이 되는 시대, 사람만이 희망이다

주류를 따라하는 방식으로는 결코 주류를 따라잡을 수 없다. 그리고 지금의 세계는 그처럼 형식주의 혹은 절차주의적인 방식으로는 성공할 수 없는 세상이다. 일등주의는 물론이거니와 천민자본주의의 잔재와 황금만능주의로부터도 해방되자. 굳게 걸려 있는 고정관념의 빗장도 열어젖히자.

승자독식의 환상도, 끼리끼리 문화도, 그로 말미암은 조직주의도 모두 벗어버리자. 이젠 간판만으로는 가능하지 않은 세상이다. 조직에, 혹은 패거리에 기대서는 아무 것도 얻을 것이 없다. 지금이야말로 자신의 능력에 의해 대접받는 세상이 찾아온 것이다.

주류들의 조직 속으로 들어가 그들의 안전한 힘 속에서 보호를 받으며 살던 세상은 이제 추억 속으로 사라져가고 있다. 늦지 않게 등교해서 종치면 공부하고, 종치면 집으로 돌아가는 학교. 선생님 말씀 잘 듣고 나름(?) 열심히 공부하면 적당한 점수를 받는 학교와 이 세상살이는 전혀 다르다.

지식기반사회에서는 지식이 있는가와 없는가, 지식을 활용해서 부가가치를 창출할 수 있는가와 없는가가 주류와 비주류를 가르는 새로운 경계다. 토지와 자본을 통해 자신들의 울타리를 공고히 지켜왔던 주류들은 이제 허물어진 경계 앞에서 당황하고 있다.

과학과 산업의 패러다임이 바뀌었으며, 경제와 경영의 패러다임이 바뀌었다. 정보를 활용해서 지식을 획득하고 만들어내며 활용하는 시대다. 그리고 그 지식을 돈으로 계산하는 시대다. 핵심지식과 그 지식을 운용하는 사람이 기업의 가장 중요한 자본이다.

이젠 무엇이든 마음만 먹으면 해낼 수 있다. 고급정보가 여기저기에서 뒹굴어 다니고, 실행능력 또한 언제든지 갖출 수 있는 세상이다. 만들어놓은 성과물도 얼마든지 남들에게 평가받을 수 있고, 알릴 수 있다.

혼자서 기획하고, 혼자서 만들고, 혼자서 장사까지 할 수 있는 세상이다. 앞장에서 살펴보았듯 이제 세상은 완전히 바뀌었다. 아무리 하고 싶어도 할 수 없었던 세상에서 하고 싶은 일이라면 무엇이든 할 수 있는 세상으로 변화한 것이다. 문제는 형식주의와 절차주의다.

'이 일을 왜 하지?', '누구에게 어떤 이득이 있지?', '누굴 대상으로 하지?', '그들은 어떤 걸 좋아하지?', '내가 가진 자원은 뭐지?', '이루고자 하는 최종목표는 뭐지?' 등 숱한 물음을 스스로 던지고, 그 물음의 답을 찾아가는 과정에서 우리는 스스로를 성장시킬 수 있다.

아름다운 상상으로 에너지를 키우자

대부분의 과학기술이 최정점을 향해 치닫고 있다. 없으면 만들면 된다. 투자한 만큼의 산출만 보장된다면 그것을 마다할 사람이 없으며, 자본 문제 역시 뜻이 있으면 길이 있는 쪽으로 움직이고 있다.

아름다운 상상만이 미래로 가는 지름길이고, 성공을 만든다.

또한 아름다운 상상만이 새로운 지식, 살아있는 지식을 만드는 토대다. 이젠 형식에 얽매이고 절차를 중요하게 생각하는 지식은 버리자. 더 이상 그런 지식으로는 성장할 수도 나아갈 수도 없다.

아름다운 상상이 필요한 시대다. 그것은 사람을 모으고, 돈을 모은다. 자원의 통합을 통해 보다 큰 자원을 만든다. 그리고 이렇게 모인 자원은 우리가 원하는 일을 성공시킨다. 과연 우리가 원하는 성공은 무엇이고, 원하는 일은 무엇일까? 끊임없이 그것을 찾는 것, 그래서 스스로의 에너지를 키우는 일이야말로 아름다운 상상을 가능하게 하는 토대일 것이다.

창의적 지식이 어떤 생산요소보다도
큰 부가가치를 창출한다.
창의적 문제해결능력이야말로
지식기반사회의 가장 큰 화두다.
그리고 그 창의성은
통합과 협업을 통해 가능해진다.

아름다운 **상상**이 누구에게나
현실이 되는 세상.

지식기반사회는 독점을 허용하지 않는다.
여러 사람의 지식이 모여야만 더욱 큰 지식,
더욱 성공적인 산업이 일궈지는 구조다.
문제해결을 위한 협업,
그리고 이를 위한
창의적 **소통**이야말로
지금의 시대가 요구하는 시대정신이다.

3부 : 리더와 멤버, 새로운 세상을 만나다!

4장 : 개방사회를 여는 유목적 사고, 결국 소통이다!

창조적 지식은 열린 사고에서 비롯된다. 열린 사고를 대변하는 것이 유목적 기질과 사고다. '성을 쌓고 사는 자는 반드시 망할 것이며, 끊임없이 이동하는 자만이 살아남을 것이다.' 돌궐제국을 부흥시킨 명장, 톤유쿠크의 비문에 적힌 말이다.

'닫힌 사회는 망하고 열린 사회만이 영원하리라.'는 말 속에는 선견지명이 있었다. 칭기즈칸의 후예인 유목민족 몽고는 동서양을 정복했지만, 성을 쌓았고 그 성 안에서 안주했다.

그러다 결국 톤유쿠크의 말처럼 망하고 만다.

정주적 특성과 유목적 특성의 차이를 살펴보자. 정주민들은 품위, 예의, 계승발전, 질서, 일사분란, 하드웨어, 분업과 스페셜리스트 등의 키워드를 가지고 있다. 이에 비해 유목민들은 내용, 개척, 창의와 도전, 정보와 속도, 공간에 대한 감각, 소프트웨어, 통합과 제너럴리스트 등의 키워드를 가지고 있다.

먼저 정주적 특성을 살펴보자. 그들은 생산을 하고, 그 생산물을 나누어 갖는다. 따라서 분배에 매우 예민하다. 늘 부족함을 느끼고, 이러한 부족함을 질서를 통한 분배로 해결하려 한다. 그리고 이것은 체면과 예의로 이어진다. 분배란 서로에게 상대적인 것이기 때문에 질서가 무너지면 사람들은 불만을 품기 마련이다.

정주는 분배 중심의 내부지향적 문화

정주성은 내부지향적 사고를 갖게 한다. 밖을 함께 보기보다는 서로를 바라보는 일에 익숙해진다는 것. 정주민들은 각자의 역할을 나누는 분업적 사고를 가지게 된다. 그래서 조직을 중요하게 생각한다. 조직을 잘 다스리려 하고, 사람들은 그 조직에 의지하려 든다.

이들은 각자의 역할을 전문화시킨다. 이를 통해 조직 내 입지를 강화하기도 한다. 이들은 문화와 문명의 계승을 통해 도구를 발전시켜왔으며, 기계와 같은 하드웨어적 문명에 관심이 많다. 그리고 이를 더욱 발전시키는 일을 중요한 사회적 관심거리로 생각한다.

이러한 정주적 특성은 결국 폐쇄성을 낳는다. 이방인을 배격하고, 그들로부터 자신들을 보호하려고 한다. 그러다보니 정주민들에게는 일찍부터 신분증 제도가 생겨났다. 이 신분증 제도는 이방인, 특히 유목민들과 자신들을 구분하기 위한 제도였다. 그리고 그들은 성을 쌓았다.

반면 유목적 특성은 어떠한가. 그들의 문화는 분배문화가 아니었다. 지속적으로 도전하고 창의한다. 정주민들이 나누어 쓸 것을 걱정하며 늘 부족함을 느끼는 반면 유목민들은 부족함이라는 단어를 모른다. 그들은 늘 긍정적이고 낙천적이다.

외부 지향적 사고를 가지고 있으며, 안을 살피기보다는 밖을 주시한다. 생산의 잉여가 없는 대신 늘 개척정신을 가지고 살아왔다. 서로 나눠 갖는 것이 아니라 함께 힘을 합쳐 무엇인가를 개척해내야 하기에 그들의 결속력은 뼛속 깊은 곳에서부터 배어 나온다.

유목민들은 분업에 의존하기보다는 각자가 문제를 해결하는 것에 관심이 많았다. 따라서 스스로가 멀티플레이어가 되기 위해 노력하는 특징을 가지고 있다. 기계 등의 하드웨어적 문명보다는 소프트웨어에 대한 관심이 높다. 그리고 이것은 계승되기보다는 새롭게 개척되어야 하는 것으로 믿는다.

모든 '제도'는 구속과 폐쇄성을 전제로 한 것

유목적 생활은 늘 위험에 노출되어 있다. 따라서 길을 가다가 만난 사이라도 서로에게 도움이 되는 관계라면 그들은 조건 없이 한 편이 된다. 소유와 수세적 특성이 정주민의 것이라면 욕망과 생명력, 그리고 공세적 특성이 바로 유목민들의 것이라 하겠다.

결혼이라는 제도를 한 번 생각해보자. 결혼은 지극히 정주적 특성을 가진 것이다. 두 사람은 있지도 않은 적을 대비해

성을 높이 쌓는다. 그리고 그 속에서 헤게모니를 다툰다. 물론 두 사람은 서로의 필요에 의해 사랑의 결합으로 성을 쌓은 것이다.

하지만 어떤가? 그 둘은 필연적으로 분배의 구조 속으로 들어가게 된다. 결국 내가 더 가지기 위해서는 네가 덜 가져야 한다. 반대로 네가 더 가지려하면 내가 덜 갖게 되는 것이다. 분쟁이 시작된다. 그들은 둘이 함께 밖을 보아야 하지만 서로 마주보는 일에 집착한다. 내부지향적 사고가 생긴다는 것이다.

밖으로 나가 남들과 어울리는 것이 아니라, 남들을 먼발치에서 보며, 그들을 말한다. 그리고 그들의 굴레를 빌어 상대를 비교하곤 한다. 그러면서도 그들은 성 밖으로 나가기를 두려워한다. 그 둘은 언제나 갈등의 소지를 안고 있지만 남들에게 행복해보여야 한다는 강박관념을 가진 채 살아간다. 그것은 소유와 책임의 논리에서 비롯된 것이다.

대부분의 대화는 소모적이고 논쟁적이다. 책임이라는 것 자체가 그런 것이다. 책임은 가지지만 서로의 입장 차에 따라 사물을 달리 보는 시각, 그것이 분쟁의 최초 원인이다. 세월이 가면서 소득도 늘고, 살림도 늘지만 언제나 만족은 없다.

그 만족의 끝은 더 높은 소득과 더 풍족한 살림살이다.

그러는 사이 어떤 인생을 살 것인지는 잊은 지 오래. 성 밖의 문제에는 관심이 없기 때문이다. 소유물이 아무리 늘어도 서로는 만족할 수 없다. 그들 두 사람이 헤어지는 것, 즉 성 밖으로 나가는 것은 금기시되어 있는 일이다.

성 밖은 위험한 곳이며, 성 밖으로 나간다는 것은 책임을 지지 않겠다는 것이다. 그것은 소중한 전통과 관습을 깨는 것이며, 이것을 먼저 말하는 것은 죄악시된다. 물론 결혼이라는 제도를 이렇게 부정적으로만 보는 시각에는 문제가 있다.

지식기반사회는 개방의 사회, 참여하라는 것이다

그렇다 하더라도 결혼제도를 포함한 모든 '제도'라는 것이 구속과 폐쇄성을 전제로 한 것이고 보면 위에서의 설정은 그리 무리한 것이 아니다. 결국 유목적 속성을 잃는 것이라 할 수 있겠다.

여성들의 경제력이 열악하던 시대, 결혼제도는 여성들에게 있어 평생을 따라다니는 무거운 족쇄로 작용했다. 맞고 살면서도 집을 떠나지 못하는 이유에는 경제적인 문제가 상당부분 작용했던 것. 총각들 또한 돈을 모으려면 결혼을 해야 한다고 말했었다.

그만큼 조직화를 통해 얻을 것이 있었다는 것이다. 하지만 지금은 많은 사람들이 결혼을 구속이라고 생각한다. 현대 사회에서 전통적 결혼제도가 붕괴되는 현상 또한 이러한 사회변화와 무관하지 않다. 그것은 폐쇄성에 대한 반발이다.

젊은이들의 결혼적령기가 늦어지는 현상, 싱글족이나 싱글맘이 생기는 현상, 이혼율이 증가하는 것 또한 변화의 새로운 징후다. 비단 결혼제도 뿐만이 아니다. 우리가 지금껏 쌓고 누려온 대부분의 제도는 이처럼 폐쇄성을 바탕으로 만들어진 것들이다.

우리에게 찾아온 지식기반사회는 개방의 사회다. 관찰자의 시각을 철저히 부정한다. '참여하라' 그리고 '나누라'는 것이다. 나눔으로써 커지는 사회, 나눔으로써 늘어가는 지식이 미래를 만든다. 그것이 바로 지식기반사회가 요구하는 새로운 철학이다.

여기에 보태 새로운 지식을 만들어가는 과정 또한 자유를 기반으로 활성화된다. 자유로운 상상, 아름다운 상상이 아니라면 우리는 낡은 지식 위에서 한 발짝도 움직일 수가 없다. 그러니 지식기반사회야말로 유목민들에게 잘 맞는 사회다.

그리고 지식기반사회는 주류와 비주류의 경계를 무너뜨린다. 더 이상 우리 들매화인생들은 주류의 경계 속으로 들어가려 해서는 안 된다, 아니 그런 노력은 불필요한 것이다. 이미 경계는 무너졌다. 경계가 무너진다는 것은 무엇을 의미하는가? 모두가 평등해진다는 말이다.

유목적 속성을 가진 들매화들에게만 유리한 세상

그렇다. 이는 최소한 자본과 조직을 가지고 있는가, 그렇지 않은가로 주류와 비주류를 가르던 세상으로부터는 해방되는 것을 의미한다. 하지만 그것이 곧 자본과 조직을 버리라는 말은 아니다. 새로운 시대에 맞는 자본과 조직이 필요하다. 그런 조직문화만이 새 시대를 헤쳐 나갈 수 있는 힘이다.

문제는 조직에 기대어 조직만 바라보던 사람들, 권위에 기대어 문제를 도외시했던 사람들이다. 그리고 그런 사람들이 모인 조직이다. 그들에게 있어 지금의 시대는 황량한 시베리아 벌판이 눈앞에 펼쳐진 것이나 다름없다.

조직에 의지해 그 조직이 나에게 줄 분배만을 믿고 있어서는 더 이상 얻어먹을 것이 없다. 이제 주류, 비주류 할 것 없이 우리 모두는 스스로 세상을 바라보아야만 하고, 스스로 인생을 계획해야만 한다. 스스로 인생을 개척해가야 하고, 스스로 문제를 해결해가야만 한다.

절차주의와 형식주의적인 사고로는 결코 적응하기 어려워진 세상이다. 그렇다면 더 이상 조직은 필요가 없는 것인가? 그렇다. 지금까지처럼 정주적 습성에 길들여진 분업 중심의 조직은 더 이상 필요치 않다. 유연한 사고로 문제를 해결하기 위해 존재하는 협업 가능한 조직만이 시너지를 가질 수 있다.

아직까지는 저 윗선, 기술과 지식의 영역에서만 벌어지고 있는 일일 수 있다. 하지만 이것은 곧 우리들 생활 속으로 들이닥칠 것이다. 모든 조직의 문제가 될 것이다. 조직은 물론 라이선스의 의미 또한 중요하지 않은 것이 되어버렸다.

라이선스의 효시는 무엇일까? 라이선스는 신분증제도에서 출발했다. 이 신분증은 정주민을 보호하기 위해 시작된 제도

다. 이후 신분증은 계급을 표시하는 표식이 된다. 이방인들을 감식하는 제도에서 내부자를 감식하는 제도로 변모한 것이다.

우리나라에는 호패제도가 있었다. 원나라에서 시작되었다고 알려진 호패제도는 고려시대인 1354년부터 시행되었고, 조선시대에 들어서면서 전국적으로 확대된다. 그리고 이 호패는 조선시대에 신분을 표시하는 중요한 제도로 굳어졌다.

신분증 제도, 보이지 않는 성벽의 폐쇄성

호패의 활용을 통해 정권은 백성의 움직임과 무적자들을 감시할 수 있었다. 그리고 이를 근거로 군인을 징집했다. 호패는 군역(軍役)과 요역(徭役)의 기준이 되었던 것이다. 태종대에 처음 시행된 이 제도는 이후 숙종 초까지 다섯 차례나 중단되었다고 한다.

호패를 받기만 하면 백성이 곧 호적과 군적에 올라가고, 이것은 곧 세금과 징집의 대상이 되었던 것. 당연히 백성들은 이를 기피했고, 국역을 피하기 위해 양반의 노비로 들어가는 경우도 적지 않았다고 한다.

호패의 위조·교환 등 불법이 증가하여 국가적 혼란이 발생하기도 했다. 이를 막기 위해 호패 위조자는 극형에, 호패를 차지 않은 자는 엄벌에 처하는 법을 마련하기도 했다. 신분제도를 결국 내부자 감시수단으로 활용했던 것.

'외부로부터의 안전, 내부자 감시'를 위한 신분증 제도야말로 보이지 않는 성벽을 쌓는 일이다. 폐쇄성과 이 폐쇄성을 담보로 하는 착취와 수탈이 신분증의 역사라 하겠다. 라이선스 역시 신분증처럼 주류와 비주류를 갈라놓는 보이지 않는 성벽이었다.

과연 성의 의미는 무엇일까? 성 속에는 위대한 문명이 있고, 백성들을 보호해 온 제왕들의 영광이 있다. 하지만 그 성이라는 존재는 결국 닫힌 공간이다. 대지의 연속성을 단절시키는 것이며, 사회와 사회, 문명과 문명 간의 소통을 차단시키는 것이다.

그럼에도 불구하고 세상의 중심이라고 자부하는 중원의 문명인들은 어째서 만리장성을 쌓은 것일까? 성곽을 쌓는 데는 엄청난 노력이 드는데, 과연 성곽의 역사는 왜 시작되었을까? 그 이유는 너무나도 간단하다. 외부에 강한 적이 있었기 때문이다. 성을 쌓지 않고는 그들의 가공할만한 힘을 도저히 견딜 수가 없었기 때문이다.

동서양의 역사가 모두 성(城)의 문화이며, 그 속 정주민들은 성 밖의 사람들을 구경조차 하지 못한 채 늘 성 안에서 그들의 주인에게 충성을 다했다. 그런 그들이 성곽 밖의 존재를 모두 야만으로 몰아갔던 이유는 무엇일까?

그리고 정주민들의 적이 되어야만 했던 유목민들은 어째서 성을 쌓지 않고도 수천 년의 역사를 지키며 거대한 몽고제국을 건설할 수 있었을까?

이동은 유랑으로, 유랑은 유목성으로 태어났다

칭기즈칸과 광개토대왕의 침략과 정벌의 역사를 칭찬하자는 것이 아니다. 그들의 유목적 기질을 이해해보자는 것이다. 그리고 우리가 맞이한 지식기반사회의 유목적 속성을 이해하자는 것이다. 그간 많은 학자들이 그 사이의 상관관계에 대해 관심을 보여 왔다.

5백만 년 전, 동남 아프리카에 출몰했던 두 발로 걷는 이상

한 족속이 생겨났으니, 이들이 오스트랄로피테쿠스였다. 그 후 여러 종족들이 나타나고 사라졌으나 그들을 인류로 부르는 이유는 오로지 걷는다는 것 때문이다. 그들의 '이동'하는 특성이 다른 종족들과 구별되었던 것이다.

여러 종족들의 출몰을 거쳐 1백만 년 전에는 '호모 사피엔스'가 탄생한다. 그리고 16만 년 전쯤에는 '호모 사피엔스 사피엔스'라는 최초의 현생인류가 탄생한다. 그 사이 지구상에 존재했던 여러 종족들 중 오랫동안 살아남을 수 있었던 종들은 유랑생활에 잘 적응한 종들이었다.

그들은 이동했고, 사냥과 채취로 살아갔다. 부족도 조직했다. 하지만 이들은 불·도구·무기·기억처럼 가지고 다닐 수 있는 것 말고는 아무 것도 소유하지 않았다. 세상을 보는 방법도 모두 유랑의 필요성과 연결되어 있었다. 그들이 바로 현생인류 최초의 모습이었던 것.

그들의 이동은 유랑으로, 유랑은 다시 유목성으로 태어난다. 이렇게 시작된 유목성을 두고 정주성에 비해 열등한 문화나 문명이라 말하는 것은 적절치 않다. 그들은 가지고 다닐 수 있는 것들만 후대에 물려주었다.

음악을 만들었고, 그림을 그렸으며, 지금으로부터 2만 년 전쯤부터는 물물교환도 터득했다. 그들은 서로 교류했고 평화를 지키는 방법도 알고 있었으며 자연을 파괴하지도 않았다. 이처럼 유목의 역사는 오래된 것이다.

그리고 지금 막 등장한 것처럼 보이는 단어인 '디지털 유목민' 역시 일찍부터 언급되어 왔다. 이미 30여 년 전, 미디어 학자인 마셜 맥루헌은 '사람들은 빠르게 움직이면서 전자제품을 이용하는 유목민이 될 것이다. 세계 각지를 돌아다니지만 어디에도 집은 없을 것이다.'라고 말한 바 있다.

이동하는 족속들은 다 유목민인가?

프랑스 사회학자 자크 아탈리 역시 '21세기는 디지털장비로 무장하고 지구를 떠도는 디지털 노마드 시대'라고 규정했다. 현재까지 디지털 노마드가 가장 많이 몰려들었던 곳은 정보기술 산업의 메카인 미국 실리콘밸리. 세계 각국에서 이곳으로 몰려드는 디지털 유목민 수는 매년 몇 만 명에 이른다.

이런 노마드적 경향은 이미 국내에서도 빠르게 번지고 있다. '사랑은 움직이는 거야.'라는 카피를 기억하는가? 이 역시 노마딕한 사랑법에 착안한 것이다. '로미오와 줄리엣'식의 정주민적 사랑법은 젊은이들 사이에선 이미 한물 간 옛이야기가 되어버렸다.

이후 모 전자회사가 '디지털 유목민'이라는 단어를 광고에 사용했다. 아웃도어 멀티 플레이어(Outdoor Multiplayer)라는 콘셉트 아래 언제 어디서나 자신이 원하는 것을 즐길 수 있게 했다는 노트북 광고였다. 이 광고의 공간적 배경은 자동차 속이다. 차로 이동하면서 얼마든지 필요한 일을 할 수 있다는 것. 그것이 '디지털 유목민'의 실체였다.

그 노트북 속에는 하나의 CPU 속에 두 개의 연산처리기를 넣었단다. 그래서 듀얼코어다. 무선인터넷과 DMB 등이 모두 장착된 이 노트북 컴퓨터는 이동성이 좋다. 무선인터넷이 장착된 노트북이 사무실이라는 공간에서 인간을 해방시켰다는 것. 결국 유목성 중 공간초월의 정신을 반영한 광고라 하겠다.

하루 종일 사무실에 갇혀 있다 보면 밖이 그립다. 바깥풍경도 그립고, 꽃도 그립고, 사람들도 그립다. 그런 갈증을 무선인터넷이 장착된 이 노트북이 풀어주겠다는 것이다. 인간들이 가지고 있는 해방에 대한 로망을 잘 포착한 광고다. 하지만 결국 이 광고는 유목적 기질 중 이동성만을 강조했다.

이쯤에서 생각해볼 것이 있다. 무선인터넷이 사무실이라는 공간으로부터 우리를 벗어나게 해줄 수 있다면, 자유로운 사고는 우리를 무엇으로부터 벗어나게 해줄 수 있는 것인가? 사실 이동을 자유롭게 해주는 것만으로는 유목성을 다 설명할 수 없다.

유목성은 이동이 아니라 소통이다

이동성을 높여주는 노트북을 들고 세계 각국을 돌아다닌다 할지라도 정해진 봉급에 매여 사는 사람들은 유목인이 아니다. 정해진 봉급을 받으며 호봉이 높아질수록 더 높은 봉급을 받고, 각종 보험과 예금으로 노후를 무장하는 많은 사람들은 정주민인 것이다.

정주민도 유목민도 모두 이동한다. 하지만 그 이동에는 엄연한 차이가 있다. 정주민들의 이동은 어떤 목적지에 멈추기 위한 이동이다. 멈춤을 전제로 한다는 것. 하지만 유목민들의 멈춤은 이동을 위해 잠시 머무는 것을 의미한다.

그렇기에 휴대폰과 노트북 컴퓨터를 들고 '세계는 넓고 갈 곳은 많다.'를 외치면서도 마음은 언제나 가족이나 돈에 매여 있는 사람을 우리는 유목민이라 부를 수 없다. 반면 여행도 잘 다니지 않고 늘 일에 몰두하지만, 멈추지 않는 사고와 정신으로 자신이 오랫동안 구축해두었던 '비빌 언덕'마저 미련 없이 떨치고 일어서는 사람이야말로 진정한 유목민이라고 부를 수 있다는 것이다.

이러한 유목적 속성에 대해 들뢰즈 가타리 역시 '이주민이란 어느 영토에 이주해서 그 영토를 이용하며 살지만 그 영토가 불모지로 변하면 떠나는 자들이다. 하지만 유목민들은 불모지로부터 떠나지 않고 오히려 거기에서 살아가는 법을 창안하는 사람들이다.'라고 설명했다.

또한, '정주민이란 성공에 안주하는 자이고, 유목민이란 성공을 버릴 줄 아는 자다. 이주민이 실패를 쉽게 떠나는 자라면, 유목민은 실패와 대결하며 새로이 길을 찾아내는 자다.'라고 덧붙인다. 유목민들의 '이동 마인드'는 이러한 정신을 가지고 있다.

유목민들은 성을 쌓는 대신 길을 닦았다. 실크로드 역시 그들에 의해 만들어진 것이다. 실크로드는 한나라의 비단이 로마까지 도달한 데에서 붙여진 이름으로 비단길을 의미한다. 그런데 비단길이라는 이름의 그 길은 도로가 아니다.

중국인이나 유럽인들이 개척 끝에 닦은 도로가 아니라 그저 통로가 되는 지역적인 공간을 말하는 것이다. 도로는 어느 곳에서부터 어느 곳을 잇는 수단이다. 그것은 마치 정해진 방식대로 정해진 삶을 살아가는 정주민들의 모습과 닮아 있다.

끊임없는 자유와 가없는 성취를 위해

길은 그런 것이 아니다. 길은 그저 길일뿐이다. 그 길은 수많은 지역들을 제각기 연결한다. 기존의 전화단말기는 도로의 모습으로 연결되어 있었다. 정해진 상대방과 소통하는 능력만을 가지고 있었다는 것. 하지만 현대적 네트워크 체제는 직선의 개념이 아니라 수많은 점들의 연결개념이다.

이는 몽고제국의 역참제와 유사하다. 수천 개의 역관이 점처럼 흩어져 있어서 가장 빠른 길을 찾아 릴레이 하듯 전달하여 어느 역참이 끊기더라도 다른 경로를 찾을 수 있는 구조. 이것이야말로 바로 유목적인 사고요, 유목적인 구조인 것이다. 요컨대, 만족하며 안주하지 않고 끊임없이 소통하는 것이 디지털 유목민의 모습이라 하겠다.

결국 유목성의 기본은 이동이 아니라 소통이다. 그리고 이 소통의 역사는 탈 경계의식에서 그 의미를 찾을 수 있다. 경계를 넘나들며 자유를 누리는 것이야말로 유목성이 추구하는 바다. 그럴 수 있을 때 비로소 인간은 행복해질 수 있다.

세계는 늘 경계에 의해 분할되어 있었다. 모든 존재는 자신이 속한 작은 세계 속에서만 살아가는 구조다. 자유가 있다 해도 그 속에서의 자유다. 그래서 지금껏 우리 인간들은 종족과 종족, 국가와 국가, 종교와 종교, 계급과 계급 사이에 경계를 만들고, 그 경계 안에서 자유를 구가하려 했다.

하지만 이런 경계를 넘나들며 자유를 누린 것이 바로 유목민족들이다. 유목의 역사는 질주의 역사다. 질주의 시대, 속도가 동양과 서양을 이었다. 12세기 후반부터 14세기 중반까지 약 2백 년에 걸친 시대에 칭기즈칸은 동양과 서양을 통일했다. 지상의 먼 나라들이 서로 소통을 시작하는 대변혁의 시대가 시작된 것이다.

정주민들이 '야심찬 황색의 질주'에 대해 좋은 감정을 가졌을 리 없다. 그런 그들이 쓴 역사는 후대의 인류들에게 지독한 편견과 오해를 심어주었다. 그렇다. 모든 역사는 정주민들에 의해 쓰였다. 하지만 그 역사를 만든 것은 유목민들이었다.

유목적 기질이란, 성을 깨고 개방사회를 여는 것

정주민들이 쓴 역사로 인해 우리는 편견을 갖게 되었다. 하지만 생각해보라. 물샐 틈 없이 칸막이로 막아두었던 문명과 문명 간의 경계들. 칭기즈칸은 그 경계를 무너뜨렸다. 다양한 민족 간의 물질과 문화가 서로 소통하지 못하도록 막아두었던 장벽을 허물어뜨린 것이다.

그럼에도 불구하고 우리에게는, 유목민은 늘 공격적이고 야만적이라는 인식이 남아 있다. 물론 그들이 수세적이었던 것은 아니다. 하지만 그들의 역사 모두를 '공격성' 하나만으로 한정지어 보는 것은 옳지 않다. 그들의 역사는 제국주의의 그것과는 근본이 다르다.

제국주의의 역사는 땅 뺏기 역사였다. 땅을 넓혀 자신들의 영역을 넓혀가는 과정이었던 것이다. 정주민들은 활동을 위한 땅과 식량을 위한 땅, 즉 새로운 영토를 넓히기 위한 '탐험과 침략의 역사'를 만든다. 특히 땅이 주류와 비주류를 갈라놓던 시절에는 더욱 그러했다. 그 이전도 그 이후도 결국은 이놈의 '땅'이 문제였던 것.

그들은 자신의 아이들에게 남겨줄 땅을 위해 브라질이든, 시베리아든, 아프리카든 가리지 않고 가지려 했다. 그러나 유목의 역사는 침략과 정복의 역사가 아니다. 그 이유는 간단하다. 어느 곳도, 어떤 성공도 그들을 만족시킬 수가 없기 때문이다. 그들은 끊임없는 자유와 성취를 위해 모든 것을 던진다.

이제 머지않아 모든 도로는 디지털 문명 속으로 사라질 것이다. 사람들은 더 이상 커뮤니케이션을 위해 도로를 이용하지 않는다. 지역이 떨어져 있다고 해서 커뮤니케이션에 방해를 받지도 않는다. 막막한 거리감으로부터도 해방될 것이다.

그렇다. 대지 위에 놓인 도로의 의미는 그렇게 사라져간다. 하지만 우리의 이동은 끝나지 않았다. 우리의 소통 역시 지금부터가 진짜다. 먼 옛날 칭기즈칸이 초원 위를 달렸듯 앞으로의 인류는 문명에서 문명으로 모니터 속에 펼쳐진 길을 한없이 질주할 것이다.

우리의 이동, 우리의 소통도 지금부터가 진짜다

성벽의 폐쇄성은 매우 지독한 것이었고, 누구도 넘을 수 없는 한계였다. 하지만 산업화가 시작되고, 이러한 폐쇄성을 전처럼 유지하기 어렵게 된 주류들은 그 성벽으로 오르는 사다리를 가늘게나마 만들어주었다. 그것이 바로 오늘날 일등주의라는 병폐를 만들었던 것이다.

하지만 지금은 조직 내의 직급조차 무너진 세상이다. 문제해결을 위해 누군가가 먼저 제안하고, 해결해나간다면 바로 그가 리더다. 그의 직급이 낮든, 경력이 짧든 그것은 문제가 되질 않는 세상이 우리 앞에 놓였다.

경험을 중요시하던 농경사회나 산업사회에서는 상상도 할 수 없었던 일이 현장 곳곳에서 벌어지고 있다. 이런 사회적 변화 속에서 우리가 가져야 할 조직에 대한 사고와 리더십의 원천은 유목성에 있다. 창의적 지식을 위해 필요한 것이 바로 유목적 사고이니 말이다.

그렇기에 지식기반사회를 맞이하는 우리에게 유목적 기질은 시사하는 바가 크다. 유목적 기질은 성을 깨고, 개방의 사회를 여는 것이다. 결국 소통이다. 유목민, 그들은 불모가 된 땅을 일으키는 사람들이며, 실패와 대결해서 새로운 길을 찾아내는 사람들이다.

작은 성공에 안주해서 그 속에 갇히는 것이 아니라 늘 새로운 성공을 위해 길을 나서는 사람들이다. 이런 기질이야말로 지식기반사회를 살아가게 하는 힘이요, 정신이다. 잠들어버린 우리의 유목성을 깨우자. 그것이야말로 미래를 맞이하는 우리들매화들의 또 다른 가능성이다.

이런 창의적 지식을 위해 필요한 것이

유목적 사고다.

유목적 기질은
성을 깨고, 개방의 사회를 여는 것이다.

결국 **소통**이다.

깨고 나가라는 것이다.
자유로운 상상, 아름다운 상상이 아니라면
우리는 낡은 지식 위에서
한 발짝도 움직일 수가 없다.
작은 성공에 안주해서
그 속에 갇히는 것이 아니라
늘 새로운 성공을 위해 길을 나서는 것.
상상으로 깨고 나아가
새로운 길을 찾아내는 일이야말로
우리에게 주어진 유일한 소명,
우리를 나아가게 하는 유일한 힘이다.

협업의 시대, 소통이 화두다.

이 시대의 리더십이란
소통으로 협업하게 하는 힘이다.
사람을 키우는 능력이다.

당신의 **소통에 스위치를 켜라.**
On通이야말로 이 시대를 내딛게 하는 힘이다.

결국 사람이다!

책의 탄생을 도운 모든 이들께 감사를!

집필기간 내내 함께 고생해준 연구원 식구들에게 감사드린다. 언제나 든든한 안성구 연구원은 물론 궂은일 마다않고 내 손발이 되어준 이아실, 이솔비, 안명현, 세 인턴연구원들에게도 특별한 감사의 인사를 드린다. 세모통의 객원직을 흔쾌히 맡아주고, 이 책에 옷을 입혀준 임수경 님께도 감사드린다.

이 책이 세상에 나올 수 있도록 내게 금청구청의 각종 교육을 도맡게 해준 차성수 구청장께도 감사의 인사를 드린다. 서천에서 새벽까지 함께했던 그 아이디어회의가 바로 이 책의 원전이 되어주었다.

지금은 서울대공원 관리부장으로 자리를 옮기신 전 행정지원국장 정경효 님, 그리고 현 행정지원국장이신 신종일 님,

행정지원과의 이태형 과장, 행정지원팀의 이문희 팀장, 김종명 주임, 오승섭 님, 서미성 님도 모두 이 책이 세상의 빛을 볼 수 있도록 도와준 분들이다. 교재도 없는 강의에 열성적으로 참여해준 모든 수강자들에게도 이 자리를 빌려 감사의 말씀을 올린다.

언제나 마음의 위로가 되어주며, 늘 새 정신이 솟게 하는 영원한 내 부사수들, 김경화, 강향순, 장소영 님께도 감사드린다. 특히 장소영 님은 책의 부족한 글을 다듬어주기까지 했다. 부족한 선생의 강의를 들어주는 내 모든 학생들, 그리고 언제나 나를 진심으로 걱정해주시는 교수님들께도 감사드린다.

흔쾌히 출판을 맡아주신 두남출판사 식구들, 특히 전두표 사장과 이승구 상무도 감사드리며, 이 책을 다 읽고 감사의 말을 읽고 있는 독자 제위께도 감사의 말씀을 전한다. 이 책이 공무원들은 물론 이 시대를 살아가고 있는 모든 이들에게 힘이 되기를 기원하며, 글을 맺는다. 마지막으로 한결같은 기다림으로 나를 대해준 가족들에게 고마운 마음을 전한다.

세상모든소통연구원에서 석종득

사람부터 바꿔라!

공은 놓쳐도 사람은 놓치지 말라!

이건희 회장은 '자식과 마누라만 빼고 다 바꿔라.'라는 말로 혁신을 강조해서 세간의 화제를 모은 바 있다. 이후 '마누라와 자식부터 바꿔라.'라는 책이 나오기도 했다. 기계를 바꾸던 시절이 있었다. 하지만 한계를 만났다.

사람들이 가난해지고, 마음이 피폐해지기 시작했다. 그래서 요즘은 상생이 화두다. 가난한 이들에게 둘러싸인 부자는 행복할 수 없다. 로마가 망할 때도 그랬다고 한다. 기득권은 과보호되고, 권력층은 부패하고, 상하격차가 심해지고, 계층 간 이동 가능성이 완전히 닫힐 때, 바로 그때가 망국의 순간이다.

우리 모두에게 위로가 필요한 시대다. 20대는 실업의 절망 속에서 '스펙 쌓기'게임에 몰두해 있다. 30대는 고용 불안에

몸을 사리며, 평가 절하된 노동력을 바겐세일하고 있다. 40대는 명예퇴직과 희망퇴직이라는 퇴출통지를 기다리며 노후에 대한 불확실성을 걱정한다.

이런 위기감 속에서 어느 누가 행복할 수 있을까? '위로'가 필요한 시대다. '나눔'이 필요한 시대다. 스스로를 '위로'해야 하고, 스스로에게 '나눔'을 베풀어야 한다. 내가 행복하지 않으면 남을 '위로' 할 수도, '나눔'을 베풀 수도 없기 때문이다.

공직사회에도 많은 변화가 밀어 닥쳤으며, 또 닥쳐올 것이다. 누누이 강조하지만 결국 사람이다. 축구코칭의 기본에 '공은 놓쳐도 사람은 놓치지 말라.'는 말이 있다. 일은 놓쳐도 사람은 놓치지 않는 리더십, 그런 리더십이 필요하다.

사람이 바뀌어야 세상을 바꿀 수 있다. 나 스스로를 바꾸자. 스스로 행복을 만들고, 스스로 행복을 전파하는 'On通리더십'으로 나를 재건하자. 그것이 소통의 비법이요, 협업을 부르는 바른 리더십이다. 이 시대의 '리더'들이여, 모두 힘내자!

세상모든소통연구원에서 석종득

이 책을 만들게 한 원전(原典)들!

강정애, 리더십론, 시그마프레스, 2010
군둘라 엥리슈, 잡노마드 사회, 문예출판사, 2002
김국현, 웹 2.0 경제학, 황금부엉이, 2006
김덕수, 맨주먹의 CEO 이순신에게 배워라, 밀리언하우스, 2004
김종래, 유목민 이야기, 꿈엔들, 2005
다카하시 마코토, 브레인라이팅, 이아소, 2010
데이비드 오길비, 어느 광고인의 고백, 서해문집, 1999
바바라 J. 스트라이벨, 회의의 기술, 지식공작소, 2004
박웅현 외, 인문학으로 광고하다, 알마, 2009
밥 애덤스, 팀장 리더십, 위즈덤하우스, 2005
백석기, 한국인의 성공 DNA, 매일경제신문사, 2007

석종득, 일내는 책, 두남, 2008

석종득 · 김은희, 마케팅커뮤니케이션 전략스케치, 두남, 2007

스티븐코비, 성공하는 사람들의 7가지 습관, 김영사, 2003

신영복, 여럿이 함께, 프레시안북, 2007

앨빈 토플러, 제3의 물결, 홍신문화사, 2006

이어령, 디지로그, 생각의나무, 2006

이어령, 흙 속에 저 바람 속에, 문학사상사, 2002

이준기 · 임일, 웹 2.0 비즈니스 전략, 시그마인사이트컴, 2006

자크 아탈리, 호모 노마드 유목하는 인간, 웅진씽크빅, 2005

제이슨 리치, 브레인 스토밍 100배 잘하기, 21세기북스, 2003

하버드 비즈니스 프레스, 회의의 기술, 한스미디어, 2008

하정출, 지식경영론, 두남, 2005